LAS DOS
LLAVES
PARA EL REINO DE
DIOS

Dr. Emeka O. Ozurumba

Ozurumba

Las dos Llaves para el Reino de Dios

Today Evangelical Ministries, Inc.
713-484-5600,
713-298-1498.
www.todayevangelicalministries.org,
todayevangelicalministries@yahoo.com (email)

CONTENIDO

DEDICATORIA

Para la gloria de Dios…

PREFACIO

Mientras millones de nosotros (cristianos) profesamos haber nacido de nuevo de Dios, muy pocos entendemos y comprendemos lo que realmente significa verdaderamente haber nacido de Dios y ser transformados en Su santa imagen. El error común entre nosotros es que creemos que una vez que dejamos una denominación o la iglesia tradicional para ir a una iglesia Pentecostal; o una vez que proclamamos a Jesús como Señor y Salvador, esto por sí sólo, nos transforma en seres nacidos de nuevo. Como resultado de este mal entendido y creencia equivocada, muchos están construyendo sobre cimientos falsos, mientras que otros son rotundamente engañados. Y sin embargo, está escrito: "De cierto, de cierto os digo, que el que no naciere de nuevo, no puede ver el reino de Dios." (Juan 3:3). Una transformación total a la imagen del Hijo significa ser uno, y fundido en acuerdo con Jesús. Como Jesús es uno con el Padre, porque aquellos que nacen de él, deben ser uno con el Padre y el Hijo, porque está escrito: "¿Andarán dos juntos, si no están de acuerdo?" (Amos 3:3).

Esta es una declaración verdadera que debe sumirse en: Aquellos que son nacidos de Dios son hijos de Dios, y ser hijos de Dios, son dioses y espíritus de Dios. "Lo que es nacido de la carne es carne, y lo que es nacido del Espíritu es espíritu." (Juan 3:6).

Este es el mensaje del reino, y éste libro moverá a los hijos de Dios para considerar apropiadamente su posición y la relación actual con Dios, así como también aportar claridad y comprensión del concepto de nacer de nuevo de Dios. También pone de relieve la urgencia de que volvamos al amor de la verdad según el Evangelio y la doctrina de Jesucristo, ya que la venida del Señor está más cerca que nunca. Este libro está lleno de ocasiones sin compromisos, de la verdad absoluta, bajo la estricta obediencia a las directrices del Espíritu Santo. Con ello, éste libro es especialmente adecuado para todos aquellos que están más deseosos, y decididamente a entrar en el descanso divino de Dios. A los elegidos de Dios le son dados a conocer los misterios del reino y a apreciar la amarga verdad, la cual es vida y espíritu. Por lo tanto, les invito a unirse a mí en la revelación de los misterios de las dos llaves del reino de Dios.

RECONOCIMIENTO

Estoy profundamente endeudado y agradecido a muchas personas maravillosas quienes iniciaron y trabajaron enérgicamente para traducir este libro al español. Esta versión del libro: *"Las Dos Llaves Para El Reino De Dios,"* debe su existencia a un gran número de personas: el Pastor Russell Raia, quien inició y coordinó todo el proyecto de la traducción, conforme a la revelación que Dios le dió; Noris Crabtree Bispo, la traductora enviada por Dios, quien pasó incontables horas inclusive horas de desvelo para traducir el libro entero, sin cargo, en tiempo récord; Dr. Emeaba Emeaba, por su apoyo técnico y asistencia; Ugochi Katherine Ozurumba, mi amada esposa, compañera y amiga por su inquebrantable amor y apoyo; Deborah "Reina Cuervo" J. Larsen, por su estímulo y ayuda, Dr. James O. Okorafor, Godfrey y Anthonia Uduma, Pastor Charles y Ugonma Adiukwu, por su aliento y respaldo; Efrén López, y a numerosos ministros de habla española y amigos que insistieron en que este libro fuese traducido al español, miembros de Today Evangelical Ministeries Bible Study Fellowship, ambos en Estados Unidos y en Nigeria, por su amor, estímulo y apoyo; les estoy humildemente agradecido. Que Dios grandemente enriquezca su conocimiento y comprensión de Él, les bendiga y haga prosperar las obras de sus manos.

LAS DOS
LLAVES
PARA EL REINO DE
DIOS

INTRODUCCIÓN

Doy gracias a Dios porque este libro esta finalmente en manos de lectores como usted. Muchos hermanos y hermanas del Señor, por cierto tiempo me han presionado al compromiso de escribir en formato de libro las enseñanzas y misterios que el Señor me ha revelado. Por lo tanto, la idea de este libro vino como resultado de la inspiración del Espíritu Santo, las revelaciones que Dios le dió a muchos, y la urgencia de los ministros y miembros de diferentes congregaciones del Señor, quienes amablemente me han permitido servirles.

Permítanme afirmar desde el principio que este libro es una enseñanza inspirada por el Espíritu de Dios y basado estrictamente en el encuentro personal, la experiencia, y las revelaciones de los misterios del reino de Dios. Con ésto, el lector rápidamente se dará cuenta de que no hay una sola referencia de cualquier otro libro que no sea la Santa Biblia. Esto no debe ser percibido como una demostración de mi incapacidad para llevar a cabo una intensa investigación de los muchos libros escritos por respetados autores cristianos, sino más bien por respeto a una voz más alta. Por otra parte, no hay material de investigación mayor que la Santa Biblia. Porque en verdad, lo que está escrito está escrito.

Es mi firme creencia que este libro esta disponible en el momento señalado por Dios en la preparación de los santos para la venida del Señor. También se destina a derribar todos los ídolos en nuestros corazones y de todas las imaginaciones falsas y fortalezas de manipulación, el engaño y las mentiras que están impregnando y eliminando el cuerpo de Cristo hoy. Es mi sincera oración de que Dios use este libro para remover las escamas de los ojos de sus escogidos, con el único propósito de conseguir que retornen al amor verdadero, el primer amor. El enemigo ha tenido éxito durante mucho tiempo en conseguir que muchos ministros del Evangelio se hayan hecho de ojos ciegos y oídos sordos a la verdad del Evangelio y a la doctrina de nuestro Señor y Salvador Jesucristo; todo para su propio egoísta y codicioso beneficio. Ahora todo es una carrera para el juego de números. Si bien el perfeccionamiento de diversas tretas y "Psicología 101 sentirse bien," doctrina y la predicación, que luchan y compiten ferozmente para mantener sus reinos. ¿Y qué con la mayoría de los miembros deseosos por oír lo que ellos quieren escuchar, se esfuerzan por complacer a la gente mientras comprometen y diluyen la palabra de vida?

Hay millones de personas que profesan y creen que han nacido de nuevo de Dios, pero carecen del entendimiento, y la comprensión de lo que realmente significa ser nacido de Dios. Como tal, la mayoría de nosotros creemos falsamente que estamos listos ahora para recibir al Señor. Por tanto, es imperativo que todos nosotros (cristianos) hagamos una pausa y tomemos un urgente y serio auto-examen de la situación real de nuestra relación con Dios, que indaguemos si hemos estado de acuerdo con Él, y si es así, ¿Estamos todavía caminando en el curso y el alcance del plan maestro original? Para ello, es necesario volver a la base para trazar la relación. Por lo tanto, este libro se abre con el fundamento de la vida eterna. "Arrepentíos, porque el reino de los cielos está cerca." (Mateo 3:2, 4:17). A menos que un constructor construya sobre una base sólida, está construyendo en vano. Por lo tanto, este libro es para nosotros una llamada a inspeccionar nuestra base espiritual hoy. Hay cuatro fundamentos espirituales que se tratan en este libro: Los Fundamentos del *arrepentimiento espiritual, del acuerdo, del perdón, y la reconciliación.* Sin *arrepentimiento espiritual,* la confesión del pecado es un ejercicio sin sentido, y sigue siendo pecado.

Arrepentimiento espiritual implica un pinchazo consciente de remordimiento de la conciencia (dentro de arrepentimiento), un giro de 360 grados para alejarnos de todo lo malo, la promesa de renunciar a todas las malas acciones, y luego una confesión de un corazón quebrantado.

La voluntad sincera de abandonar todos los males y obedecer los mandamientos de Dios es una condición absolutamente indispensable y esencial para el arrepentimiento espiritual.

Acuerdo espiritual implica ser uno con Dios, la unión de las mentes como uno en acuerdo. Esta es la relación exacta que existe entre el Padre y el Hijo. Como está escrito: "Yo y el Padre somos uno (Juan 10:30)." La simple razón es que el Hijo está en total acuerdo con el Padre, y como hemos leído, es imposible que dos personas caminen juntos si están en desacuerdo. Y la llave para un acuerdo espiritual, es la obediencia implícita al Padre. Como el Señor dijo: "Y el que me envió está conmigo, el Padre no me dejó solo, porque yo hago siempre esas cosas que a él le agrada." (Juan 8:29).

Una casa dividida ciertamente no puede permanecer en pié. Los que han nacido de Dios se han convertido en dioses por haber nacido de Dios y uno con Dios. Porque ninguna carne puede adorar a Dios en espíritu y en verdad. Pero aquellos que han nacido de Dios pueden adorarlo en espíritu y en verdad, porque son espíritus de Dios. (Ver Juan 3:6 y 1 Corintios 2:11-14).

Los otros dos fundamentos espirituales se presentan en relación con la primera llave para el reino de Dios, *"Amor."* Como se discutió, y apropiadamente tituló, hay dos llaves del reino de Dios: el *amor* y la *obediencia*. La revelación de estas llaves es incorporada en el testimonio de mi conversión, que es parte de la introducción del libro. El libro analiza en detalle, el amor perfecto y la obediencia implícita como las únicas llaves de la puerta de la vida eterna. Como dioses, los que han nacido de nuevo deben, necesariamente, poseer atributos espirituales tales como hambre y amor perfecto por Dios y los demás, lo cual es imposible sin la obediencia implícita. *Obediencia implícita* y hacer todas las cosas por el placer y la Gloria de Dios es la única mayor victoria espiritual. Para asegurarse de que nuestro corazón está de acuerdo con Dios, debemos, con sinceridad piadosa y buena conciencia, perdonar y reconciliarnos con los demás. Debe haber una clara diferencia entre los hijos de

Dios y los incrédulos. Debemos ser como nuestro Padre celestial és. (Ver Mateos 5:48). Somos dioses en la tierra y la luz de Dios.

El libro destaca la bendición de las dos llaves y termina con una pregunta crucial: ¿qué más? En ese capítulo, el Espíritu de Dios derrama algunas declaraciones proféticas, a lo que insto encarecidamente a todos, especialmente a los que atienden a las cosas de Dios, a que presten especial atención.

TESTIMONIO DE MI CONVERSIÓN

En el momento de escribir esto, todavía estoy impresionado por todo. Los que me conocen más tiempo todavía no lo pueden creer, ni yo tampoco. Porque hasta no hace mucho tiempo, unos nueve o más años atrás, yo era un tonto que pensaba que yo era un hombre hecho a sí mismo y era mi propio dios. Con muchos años de práctica legal floreciente, otros numerosos éxitos, y los excesos de la vida, Yo sentía que era mi propio dios. Aún imaginarme que el día iba a llegar cuando yo llegara al punto de partida con mi Creador y Señor habría sido considerado ridículo, por decir lo menos. Muy recientemente, un pastor amigo en Nigeria me recordó una carta que me escribió hace unos veinticinco años atrás, y lo que fue mi respuesta. En la carta, que entonces consideradé ofensiva, él me dijo que yo tenía un llamado supremo de Dios, mientras que él había sido creado para ayudarme. El relató entonces mi respuesta en la que lo califiqué el mayor tonto por haber imaginado tal cosa. ¿La pregunta que se me hace a mí en estos días es, "quién es el loco ahora?" Nunca me imaginé que el día iba a llegar cuando yo enseñaría y defendería el Evangelio del reino, y ni por millones de dólares. La última vez que pasé un momento importante para leer la Biblia estaba en mis días de escuela secundaria, y porque era obligatorio, no obstante, disfruté lo que consideré entonces como los cuentos de fuego del Antiguo Testamento. Nunca, ni en mis más remotos sueños, imaginé que lo que yo consideraba como locura y pérdida de tiempo, ahora me esfuerzo, por la gracia de Dios, para vivir y enseñar diariamente. Ahora vivo y sólo quiero vivir para Dios y la obra de Su reino. Ahora sé que Dios me creó principalmente para este propósito.

¿Y cómo lo hizo realidad?

Todo comenzó alrededor de las ocho y media de la mañana, camino a mi oficina en al suroeste de Houston, unos cuarenta y cinco minutos de mi casa en Spring, Texas, Estados Unidos de América. Mientras manejaba en la intersección de la carretera de peaje Sam Houston y la Interestatal 10, escuché una voz de forma audible que claramente me dijo: "Toda la vida te he bendecido y prosperado, pero tu nunca te has detenido para darme gloria." Decir que yo estaba completamente espantado, asustado y hasta con escalofríos sería una subestimación, Me inundaron rápidamente horribles y aterradores pensamientos. Para mi sorpresa, cuando miré hacia atrás, no había nadie u objeto en el asiento trasero. Entonces decidí desviarme hacia un lado de la carretera, y después de inspeccionar cuidadosamente la parte trasera y el maletero del coche, nerviosamente me dirigí a mi oficina. Unos treinta minutos más tarde, ya tenía todos los compromisos para ese día cancelados y volví a la casa. Allí mi dura prueba comenzó.

Mientras estaba sentado en un sofá preguntándome qué era lo que me había pasado, escuché la misma voz, diciendo: "Yo te he llamado con un único propósito, para ir a prepararlos para la venida del Señor. La venida del Señor está cerca. Te enviaré a las iglesias a inquietarlos y hacerlos examinarse para ver si son verdaderamente nacidos de Dios y están listos para la venida del Señor. Te enseñaré todo lo que necesitas saber y te revelaré los misterios del reino de Dios, pero tu debes vivir y enseñar a otros exactamente lo que te enseñaré, no sea que vayas a ser condenado."

Por alguna razón inexplicable, tuve coraje para preguntarle por qué Él quería enviarme a sus iglesias. Y la respuesta, "porque el noventa y nueve por ciento de todos en las iglesias no Me conocen, porque ¿cómo pueden ellos conocerme cuando no Me aman, y ¿cómo pueden ellos amarme, si se niegan a obedecerme?" A partir de ese día, estuve encerrado en mi casa y sus alrededores durante unos tres buenos años mientras que la comida me fue proporcionada por una dama enviada por Dios; Deborah Larsen (a quien nombré la Reina Cuervo), una antigua cliente, quien persistió en buscarme.

Durante mi reclusión en la casa, mientras oraba y ayunaba, me fue mostrada una mano poderosa, tan blanca como la nieve, con dos pequeñas llaves. Y oí una voz que me dijo: "Estas son las únicas llaves para el reino de Dios. Desde el libro de Génesis hasta el libro de Apocalipsis, estas son las llaves dadas para abrir la cerradura de la puerta del reino. Jesucristo es la puerta al reino de Dios, y las dos llaves son *amor* y *obediencia.*

Después de tres años, el Señor me abrió las puertas de algunas de sus iglesias para enseñar lo que me fue enseñado en obediencia a Sus instrucciones. Más tarde fui invitado a Inglaterra, y desde allí, a los Países Bajos y por último, a Nigeria, lo cual pensé que sería por un período de aproximadamente dos meses, no sabiendo que estaría ministrando intensamente en ese país durante tres años y medio.

Me he tomado el tiempo para expresar mi testimonio con la esperanza de que éste fomente y fortalezca la fe y la determinación de los hermanos en la fe de que nuestro Dios es verdaderamente un Dios vivo y que Él sigue siendo, fiel y misericordioso para siempre. Es mi oración ferviente que este testimonio ministre la vida de aquellos que son ricos en posesiones materiales, pero quebrados en Dios, que no queda más que una necesaria e imperecedera cosa, la vida eterna; y que sólo hay un deber general de cada persona en esta tierra; *amar* y *obedecer* a Dios. Porque en verdad, tarde o temprano, vamos a dejar atrás todas las cosas de la tierra y volver desnudos como vinimos.

Hay una cosa que este libro no es, ni pretende de ninguna manera ser, juzgar o condenar a persona o grupo de personas. Por consiguiente, insto al lector a mantener una mente sincera, abierta y renovada acerca de la verdad sin compromisos presentados en este libro. Soy consciente de la impopularidad de la verdad del Evangelio de Jesucristo en estos días, sin embargo, Dios es la verdad, y la verdad permanece para siempre y se nos juzgará al final. Es mi sincera esperanza que este libro ministre a todos nosotros a un verdadero arrepentimiento y nos haga volver al amor de la verdad del Evangelio de Jesucristo.

Ahora vamos a explorar los misterios del reino de Dios juntos, y mientras lee, ruego al Señor le conceda Su comprensión y gracia.

LOS FUNDAMENTOS ESPIRITUALES PARA LAS LLAVES

El problema fundamental con la mayoría de nosotros los cristianos es que hemos construido, y seguimos construyendo nuestro caminar y experiencia Cristiana en una relación con base falsa, errónea, y vacilante con Dios. Peor aún, la mayoría de nosotros continúa con vigor en nuestra creencia y confianza en estos fundamentos falsos, reforzados por las doctrinas denominacionales y tradiciones de los hombres.

No me refiero a las clases de Fundamento, para nuevos miembros que muchas iglesias ofrecen a sus nuevos miembros. Si bien estas clases son valiosas herramientas de orientación para nuevos miembros y para su nueva familia en sus iglesias, difícilmente, define lo suficiente los fundamentos espirituales del verdadero arrepentimiento y acuerdo con Dios.

Los fundamentos mencionados en este libro son el marco fundamental en el que deben basarse los que quieren buscar a Dios con todo lo que tienen y también los que desean servir a Dios en espíritu y en verdad.

Estos son los elegidos de Dios que, por la virtud de su elección, han de hacer como le son dados el entendimiento de los misterios del reino de Dios; pero estan, desafortunadamente todavía construyendo y trabajando sobre bases falsas.

A medida que el Señor me reveló, al menos el noventa y nueve por ciento de todos los cristianos en todas las iglesias que profesan el nombre del Señor y

Salvador Jesucristo, realmente no lo conocen. Esto, que he descubierto, se debe a la base falsa o vacilante en la comprensión de la naturaleza de una relación espiritual íntima con Dios.

Sin la adecuada comprensión de los fundamentos espirituales de las dos llaves del reino de Dios, es imposible comprender y apreciar los misterios de las dos llaves, para servir a un Dios verdadero en espíritu y verdad. "Dios es Espíritu, y los que le adoran, deben adorarle en espíritu y en verdad." (Juan 4:24). Entonces, ¿cómo puede alguno adorar a Dios en espíritu y en verdad, salvo cuando él es espíritu de Dios, es decir, uno nacido de Dios y guiados por Su Espíritu? "Porque quien conoce las cosas de hombre, sino el espíritu del hombre que está en él? Así tampoco nadie conoce las cosas de Dios sino el Espíritu de Dios." (1 Corintios 2:11). ¿Por qué es así? "Porque el hombre natural no percibe las cosas del Espíritu de Dios, porque le son locura y no las puede entender, porque se han de discernir espiritualmente." (1 Corintios 2:14). ¿Qué beneficia a una persona pasar toda la vida en la iglesia y profesando tal vez haber "nacido de nuevo," de acuerdo a sus convicciones personales, sin embargo, al final de todo, se le cae la casa en un montón de ruinas, y él o ella se le niega la entrada al descanso divino de Cristo?

Una canción popular cristiana en África, dice: "Señor, no me dejes correr esta carrera en vano, que al final no estoy en tu reino." Y para no dejar a nadie en duda de la naturaleza de esta carrera hacia el reino de Dios, las Escrituras nos advierten de esta manera:

"No todo el que me dice: "Señor, Señor," entrará en el reino de los cielos, sino el que hace la voluntad de mi Padre que está en el cielo. Muchos me dirán en aquel día: "Señor, Señor." ¿no profetizamos en tu nombre, y en tu nombre, echamos fuera demonios, y en tu nombre hicimos muchos milagros. Y entonces les declararé: nunca os conocí, apartaos de Mí, hacedores de maldad." (Mateo 7:21-23).

Por lo tanto, ahora es el tiempo asignado para que todos los cristianos de todas las denominaciones puedan examinarse minuciosamente e inspeccionar la base sobre la que están edificando o han edificado con el fin de verificar si están construyendo en la base espiritual sólida de la verdad, la justicia, y la santidad-la eterna fundación. - "Cuando el torbellino pasa, los malos ya no existe, pero los justos se ha fundado para siempre." (Proverbios 10:25).

Hay cuatro fundamentos espirituales tratados en este libro. Los dos primeros fundamentos, *arrepentimiento y acuerdo,* se discuten en los dos primeros capítulos, mientras que los otros dos, *perdón y reconciliación*, se discuten en los capítulos del 10 al 12, respectivamente. Sin una clara comprensión de estos fundamentos espirituales, el lector no puede comprender y apreciar los misterios y enseñanzas de este libro.

CAPÍTULO PRIMERO

EL FUNDAMENTO ESPIRITUAL DEL ARREPENTIMIENTO

El camino hacia la vida eterna, así como toda relación significativa con Dios, comienza con un verdadero arrepentimiento.

El mensaje central de Juan el Bautista, así como el mensaje de apertura de nuestro Señor y Salvador Jesucristo, y de hecho, otros mensajeros de Dios, instaban a la gente a arrepentirse de sus pecados. "Arrepentíos, porque el reino de los cielos está cerca." (Mateo 3:2, 4:17). Arrepentimiento espiritual es dar una vuelta completa de 360 grados para alejarse de todas formas del mal o pecado contra Dios. Es pedir perdón a Dios con un corazón roto, conciencia buena y fe sincera. Es buscar obtener el perdón de Dios con todo nuestro corazón quebrantado y haciendo confesión con la boca de que no está en conflicto con el corazón. Dios siempre está mirando a nuestros corazones, porque son Su único verdadero sacrificio. "Los sacrificios de Dios son el espíritu quebrantado; y un corazón contrito, no desprecias Tú, oh Dios." (Salmos 51:17).

Arrepentimiento espiritual implica una convicción de tortura, un pinchazo inquieto de espíritu, de tal manera que consiga el espíritu en nosotros llorar por Dios. El mismo Espíritu de Dios que nos mueve a buscarlo a Dios con todo nuestro corazón, nos acelerará al aborrecimiento hacia el pecado. Si el Espíritu de Dios habita realmente en nosotros, vamos a experimentar Su convicción de inmediato cuando hacemos mal. Con eso, la convicción va a cualquier parte de nuestro ser. Podemos encontrarnos nervioso, ansioso, incluso francamente temerosos de nuestra propia sombra. En este estado de incertidumbre y culpa, descubrimos que nuestras oraciones no van bien, y cuando tratamos de leer la Biblia, nos dormimos. Hay una sensación de vacío hasta que realmente nos arrepentimos de corazón y somos perdonados, de lo contrario, seguiremos cayendo en la más absoluta oscuridad. Usted siempre sabrá cuando ha sido perdonado por Dios, su corazón derramado en lamentación por el perdón y la restauración es la cosa más importante que usted ha perdido, la relación íntima con Dios.

Este sentimiento de remordimiento le consume, la culpa y desesperación por arrepentimiento y restauración inmediata es lo que separa a una persona nacida de Dios de los demás. El Señor me reveló que la mayoría de las personas que regularmente asisten a las iglesias y profesan conocer a Dios, aunque creen que han nacido de nuevo, tienen sus pecados no perdonados por Dios a pesar de sus confesiones. Esto es muy triste, y hasta una tragedia. La razón, dijo el Señor, es que estas personas confesaron sus pecados con la boca, pero no se arrepintieron en sus corazones. A pesar de que hizo confesiones vanas con la boca, no hubo arrepentimiento espiritual, y por lo tanto, sus pecados permanecen. "Estas personas se acercan a mí con su boca y me honran con los labios, pero su corazón está lejos de Mí. Y en vano me honran, enseñando como doctrinas mandamientos de hombres." (Mateo 15:8-9).

El *arrepentimiento espiritual* requiere un alejamiento de las malas ofensas. Permítame decirlo francamente, hacer un voto para abandonar toda la maldad y formas de pecado. Dios busca este corazón penitente, que esta sinceramente arrepentido; y la única manera de demostrar remordimiento es por la decisión y el consentimiento consciente y sincero de no repetir lo malo. Ya que la confesión verdadera sigue al arrepentimiento espiritual, por lo tanto es verdad que sin arrepentimiento espiritual, la confesión de pecados es vacía; y los pecados permanecen. Algunas escrituras pertinentes serán útiles para el lector:

"Si se humillare mi pueblo, sobre el cual mi nombre es invocado, y oraren, y buscaren mi rostro, y se convirtieren de sus malos caminos; entonces Yo oiré desde los cielos, y perdonaré sus pecados, y sanaré su tierra." (2 Crónicas 7:14).

"Deje el impío su camino, y el hombre inicuo sus pensamientos, y vuélvase a Jehová, el cual tendrá, de él misericordia y al Dios nuestro, el cual será amplio en perdonar." (Isaías 55:7).

"Lavaos y limpiaos; quitad la iniquidad de vuestras obras de delante de mis ojos; dejad de hacer lo malo; aprended a hacer el bien, buscad el juicio, restituid al agraviado, haced justicia al huérfano, amparad a la viuda. "Venid luego, dice Jehová, y estemos a cuenta: si vuestros pecados fuere como la grana, como la nieve serán emblanquecidos; si fueren rojos como el carmesí, vendrán a ser como blanca lana." (Isaías 1:16-18).

"Mas el impío, si se apartare de todos sus pecados que hizo, y guardare todos mis estatutos e hiciere según el derecho y la justicia, de cierto vivirá; no morirá." (Ezequiel 18:21).

"Convertíos, y apartaos de todas vuestras transgresiones, y no os será la iniquidad causa de ruina." (Ezequiel 18:30).

Sólo Dios ve y conoce los corazones de la gente verdadera. Sólo él sabe si un pecador se ha arrepentido verdaderamente, incluso antes de que abra la boca para confesar. Por lo tanto, no hay perdón de Dios sin arrepentimiento espiritual.

Los elementos de arrepentimiento espiritual incluyen, pero no se limitan a los siguientes:

a. Un reconocimiento de remordimiento que consume por los pecados, una conciencia arrepentida la cual acepta deseosa responsabilidad por los pecados. [como el hijo pródigo que volvió en sí] (véase Lucas 15:17).

b. El arrepentimiento en el corazón. (Ver Lucas 15:18).

c. Un voto a renunciar, y alejarse de todos los actos pecaminosos. Tenemos que llegar a Dios con una

voluntad decidida a no volver al camino del pecado.
(véase Lucas 15:20).
  d. La confesión y la oración a Dios.

La llave al arrepentimiento espiritual es la resolución, el voto o la promesa a usted mismo y a su Dios de alejarse de las formas del mal. Imagínese que alguien confiesa el pecado del adulterio, por ejemplo, pero él va a caer en el mismo pecado y viene a confesar cada semana. Puedo decir sin contradicción que Dios sabía que el primer día de la confesión que el ofensor no estaba serio en corregir sus maneras.

Aún en nuestro mundo, un niño que desobedece las reglas paternales todo el tiempo y cada vez que él dice "perdón," los padres, sin duda, no tomarán la disculpa del niño en serio hasta que el niño demuestre que esta sinceramente arrepentido abandonando sus malas maneras.

Hay una diferencia notable entre un delincuente sin antecedentes penales y un delincuente habitual. "El sabor del pudín está en el comer," el dicho común va. No es lo que decimos sino lo que hacemos lo que importa.

La mayoría de nosotros profesamos haber nacido de nuevo y ser nuevas criaturas, sin embargo, aún permanecemos esclavos de nuestros antiguos y malos caminos. Si tal vida cristiana falsa persiste, el cristiano se encontrará de nuevo a la deriva total y completamente a la vida anterior, careciendo de conciencia divina. Y eso, como dice el apóstol Pedro, es sinónimo a que El perro vuelve a su vómito (véase 2 Pedro 2:1-22). Dios quiere que sus hijos abandonen por completo y nunca regresan a los malos caminos de los cuales ya se han arrepentido y confesado a él. A la mujer adúltera, el Señor la perdonó, pero le advirtió, así: "Ni yo te condeno, vete y no peques más." (Juan 8:11). Si esa mujer se fue y luego volvió de nuevo a su pasado malo, entonces no tendría ninguna excusa. Si ella estaba en la presencia del Señor y no había resuelto no volver a sus caminos pecaminosos, entonces ella nunca tuvo remordimiento. Es igualmente una maldicion regresar a su mala conducta después del conocimiento de la verdad. Para el hombre que fue sanado de una enfermedad de treinta y ocho años, Jesús dijo: "Mira, has sido sanado; no peques más, para no te venga alguna cosa peor." (Juan 5:14). Y como el apóstol Pablo correctamente dice, porque si las cosas que destruí, las mismas vuelvo a edificar, transgresor me hago. (Ver Gálatas 2:18).

Debo confesar que he tenido muchos enfrentamientos y discusiones fuertes en relación con este tema. No entiendo como alguien que profesa haber nacido de Dios puede justificar o racionalizar el pecado, o lo que es peor, siguen en él. El pecado, no importa cómo lo vista, es una depravación y una abominación para Dios. En efecto, no existe otra manera de decirlo. Es obvio que no hay término medio con Dios. La única manera de demostrar nuestro temor a Dios es apartarse del mal (pecado), o cualquier apariencia de mal. El apóstol Juan fue muy contundente al respecto: "El que practica el pecado es del Diablo." (1 Juan 3:8).

Estos son algunos de los argumentos:

a. *Somos carne y estamos en el mundo*. Eso lo explica todo. Si optamos por permanecer en el mundo y cumplir los deseos de la carne, nunca llegaremos a ser uno con Dios. Si somos verdaderos hijos de Dios, guiados por Su Espíritu, no debemos ser de este mundo, porque los que son del mundo y estan en la carne no son de Dios, y por tanto tienen que nacer de nuevo; porque los que son del mundo y en la carne no son de Dios y, por lo tanto, tienen que nacer de nuevo. El primer paso hacia la vida espiritual es la renuncia a la vida pecadora, mundana y de lujuria carnal y hacer una rendición total a Jesucristo. Como dice la Escritura: "Porque los que son de la carne piensan en las cosas de la carne; pero los que son del Espíritu, en las cosas del Espíritu. Porque el ocuparse de la carne es muerte, pero el ocuparse del Espíritu es vida y paz. Por cuanto los designios de la carne son enemistad contra Dios; porque no se sujetan a la ley de Dios, ni tampoco pueden; y los que viven según la carne no pueden agradar a Dios." (Romanos 8:5-8).

b. *Todos somos pecadores*. Esto es ciertamente verdad, y por esta razón, Dios envió a Su Hijo unigénito a mostrarnos el camino, la verdad y la vida. El que cree en Jesús y es bautizado con Él está sepultado en el bautismo con Él y como Él resucitó de los muertos, debemos resucitar con Él, porque Él nos ha dado la potestad de ser hechos hijos de Dios. El propósito de Jesús fue destruir los trabajos del diablo. Por lo tanto, el que continua en el pecado después de haber escuchado o conocido la verdad no tiene más excusas. "Y sabéis que él apareció para quitar nuestros pecados, y no hay pecado en él. Todo aquel que permanece en él, no peca; todo aquel que peca, no le ha visto ni le ha conocido." (1 Juan 3:5-6).

c. *Dios está lleno de misericordia y gracia, Él perdona todos los pecados.* Nuestro Dios es verdaderamente misericordioso, pero ¿cuál es el lugar de la misericordia si continuamos en pecado presuntuosamente? El apóstol Pablo señaló correctamente el punto: "Y doy gracias al que me fortaleció a Cristo Jesús, nuestro Señor, porque me tuvo por fiel, poniéndome en el ministerio, habiendo yo sido antes blasfemo, perseguidor e injuriador, mas fui recibido a misericordia porque lo hice por ignorancia, en incredulidad." (1 Timoteo 1:12-13). El apóstol Pablo dijo que él recibido la misericordia porque él actuó ignorantemente. ¿Qué nos dice eso? Si continuamos con osadia en pecado porque Dios nos puede perdonar de la abundancia de su misericordia, entonces, ¿no estamos tentando, burlando, y abusando de la generosidad de Dios? Otra vez, el apóstol Pablo, escribiendo a cerca de la gracia y el pecado, hizo esta pregunta tan importante: ¿Qué, pues, diremos? ¿Perseveraremos en el pecado para que la gracia abunde?" (Romanos 6:1) En respuesta, él dijo: En ninguna manera. Porque los que hemos muerto al pecado, ¿cómo viviremos aún en él? (Romanos 6:2)

d. *El argumento de la progresión.* El argumento que es viciosamente presentado para contradecir la voluntad de Dios con el fin de aplacar a la gente es que apartase del mal/pecaminosos caminos implica un proceso de progresión. Esta es la obra del enemigo para darnos una mente perezosa. La voluntad de Dios es que cada vez que Él le da a una persona la gracia de comprender y conocer la naturaleza pecaminosa de su obra, esa persona es considerada responsable si continúa en ella. Por lo tanto, el Señor advirtió a la adúltera a irse y no pecar más (véase Juan 8:11). Porque ella ya no podía acogerse a sí misma en una reclamación por la ignorancia. Si bien es cierto que la madurez en el camino espiritual involucra un proceso de progresión, Dios nos ordena que nos arrepintamos y salgamos de nuestros malos caminos ahora. Algunos de nosotros demandamos el lujo del gradualismo (en nuestro propio ritmo) en relación con el pecado. Queremos abandonar al pecado en cuotas, tal vez porque nos engañamos al creer que sabemos lo que el mañana. Entre mas pronto escuchemos y confiemos en el único que conoce y mantiene el aliento que nos viene, mejor para nosotros. Y, por cierto, ¿podemos afirmar que no sabemos la verdad?

Como está escrito: "Si yo no hubiera venido, ni les hubiera hablado, no tendrían pecado; pero ahora no tienen excusa por su pecado." (Juan 15:22). La pregunta ahora es, ¿qué dice el Señor al Padre sobre nosotros si seguimos en el pecado después de haber conocido la verdad? No me atrevo a decir: "Padre, perdonalos porque no saben lo que hacen." Por eso el apóstol Pablo dice que no hay sacrificio restantes para los que crucifican al Señor de nuevo con presuntuosos pecados después de conocer la verdad (veáse Hechos 6:1-6, 10:26). Como el Señor claramente dijo: "Ninguno que poniendo su mano en el arado y mira atrás, es apto para el reino de Dios." (Lucas 9:62). Hemos leído que en Dios, no hay ocasión para la oscuridad, por lo tanto, los de Dios ya no puede caminar en la oscuridad. (Ver 1 Juan 1:5-6, 3:5-10). El que sabe la verdad no puede valerse de su propio intencionado mal porque él no tiene excusa (véase Romanos 1:17-20). "Y todo aquel que tiene esta esperanza en él, se purifica a sí mismo, así como él es puro." (1 Juan 3:3).

LA REACCIÓN NATURAL DE LA PERSONA AL PECADO, LA LECCIÓN DE ADÁN Y EVA

Una notable diferencia entre un verdadero hijo de Dios y un incrédulo es su reacción al pecado. Cuando un verdadero hijo de Dios peca, es inmediatamente condenado por el Espíritu de Dios en él. El gime inmediatamente en su espíritu y corazón, y él no da una excusa, sino que acepta responsabilidad inmediata; se arrepiente, y pide perdón. Él no espera que se le recuerde. Pero el incrédulo tiene poca o ninguna conciencia, y en todo caso, se defiende hasta la última gota de sangre, mientras culpa a otros.

Primera Reacción

Él intenta esconderse en la abnegación, con lo que se engaña a sí mismo. Podemos escondernos de los demás e incluso tener éxito en la presentación de un lado brillante, pero sin duda no podemos escondernos de Dios. (Ver Jeremías 23:24). Adán y Eva trataron de esconderse de Dios. (Ver Génesis 3:8-10).

Segunda Reacción

Él intenta cubrir su pecado de Dios y de otros mintiendo y cometiendo más pecados para cubrir la transgresión inicial. Adán y Eva se cubrieron con hojas. (Ver Génesis 3:7). David trató de encubrir el adulterio de los ojos de las personas y, en el proceso, el asesinato cometido. (Ver 2 Samuel 12:1-7). El que encubre sus pecados no prosperará. Por lo tanto, dejemos que Dios solo cobra nuestro pecado, <es una bendición> (véase Salmos 32:1-2). No hay secreto con Dios. (Ver Proverbios 28:13; 10:26 Mateo; Lucas 12, 2-3). Cubrir un pecado llevará a un pecado mayor, pecados más graves, que pueden arruinar a la persona e incluso familias.

Tercera Reacción

Declara la guerra contra otros, de modo que culpa a los demás y no a sí mismo. En otras palabras, la persona física se niega a aceptar responsabilidad y a mostrar remordimiento. Adán culpó a su esposa, Eva (Génesis 3:12), y Eva culpó a la serpiente (Génesis 3:13). Cuán tan verdadero que esto, y es aún predominante en nuestro tiempo.

Cuarta Reacción

El declara la guerra contra Dios y le echa la culpa. Adán culpó a Dios por haberle dado a la mujer que supuestamente lo metió en problemas (Génesis 3:12). ¡No es típico! "Es tu culpa, Dios. Usted me hizo así o asá, y es por eso que hice lo que hice." Adán y Eva no pudieron haberse arrepentido y confesado sus pecados con esa clase de corazón. Más bien, el asunto empeoró progresivamente (como todo pecado si no hay arrepentimiento y confesión de inmediato) desde hasta culpar al diablo, culpar a los demás y finalmente, a la blasfemia. Al igual que con la progresión de los pecados, hay progresión de castigo por la transgresión, de un reproche liviano a una pena más severa si el ofensor se niega a ser reformado. (Ver Levítico 26). "Ay de aquel que se esfuerza con su Hacedor." (Isaías 45:9). La mano de Dios es más liviana con un pecador que espiritualmente se arrepiente de inmediato cuando es condenado por el Espíritu Santo, sin un recordatorio de Dios. Si nosotros reconocemos rápidamente nuestras rebeliones, nos humillamos, y arrepentimos con un corazón verdaderamente contrito y humillado, el Señor no nos va a arrojar; más bien, Él va postergar su ira por el amor de su nombre.

Vamos a estar rotos, por supuesto, pero el Señor nos recogerá, parcha las piezas, y viviremos. Sin embargo, si un pecador espera hasta que Dios le caiga encima, puede ser reducido a polvo, y nada quedará. (Ver Mateo 21:44.) El que tenga oídos en su corazón para oír, oiga.

RESTITUCIÓN Y RESTAURACIÓN

El tema de la restitución o restauración no serán tratados elaboradamente aquí, pero baste decir que el arrepentimiento espiritual verdadero no está completo sin la restitución. La restitución es una parte necesaria del arrepentimiento. Incluso en nuestra ley secular, el que busca la equidad debe hacer la equidad, su falta puedan obstaculizar el perdón. Las escrituras son coherentes con esta posición. "Si el impío restituyere la prenda, devolviere lo que hubiere robado, y caminare en los estatutos de la vida, no haciendo iniquidad, vivirá ciertamente y no morirá." (Ezequiel 33:15). Luego, "aquella persona confesará el pecado que cometió, y compensará enteramente el daño, y añadirá sobre ello la quinta parte, y lo dará a aquel contra quien pecó." (Números 5:7)

Y de nuevo, se hace referencia de la restitución en el Nuevo Testamento. Cuando la gente murmuró contra Zaqueo. "Entonces Zaqueo, puesto en pie, dijo al Señor: He aquí, Señor, la mitad de mis bienes doy a los pobres; y si en algo he defraudado a alguno, se lo devuelvo cuadruplicado." (Lucas 19:8). El ofensor debe restaurar y recomponer, si puede. La restitución puede ser ambos físico y espiritual; y bastante suficiente, sólo Dios sabe si puede o no puede restaurar físicamente lo que usted ha hecho. Hay ciertas cosas o actos malos que un ofensor no puede restaurar físicamente. Ejemplos que rápidamente vienen a la mente son el asesinato y el adulterio. En tales casos, un verdadero arrepentimiento y una promesa de dejar (alejarse) tales maldades y todas estas malas acciones son necesarias. Esta es la restitución espiritual. Un caso clásico del arrepentimiento y la restitución espiritual implica un caso en Texas, donde un joven confesó haber asesinado a un novia después de ver *La Pasión de Cristo*. El incidente había sido ya declarado como suicidio y cerrado. Aunque yo no estoy en la posición de juzgar, por lo menos puedo decir con seguridad que si ese joven esta ahora verdaderamente caminando con el Señor y sigue haciéndolo hasta el final, su alma no se perderá, porque él no teme a esos que pueden destruir sólo su cuerpo sino al que puede matar y también lanzar al infierno. Al igual que en su caso, en el proceso de restauración, uno puede estar expuesto al reproche y castigo. (Ver 1 Pedro 4:12-16). Mejor eso que caer en manos de un Dios vivo, es terrible! Pero pensar que uno puede obtener el perdón de Dios mientras esta en posesión de lo que tomó injustamente es ridículo, por decir lo menos! Dios es un Dios justo, respetando a nadie pero honorando los que Lo honoran. Si el ofensor se puede restaurar, pero se engaña a sí mismo con excusas, él trae una maldición, no sólo a sí mismo, sino también, posiblemente a su familia. Es una maldición para mezclar la heredad en la sangre (aumento de la sangre) con sus propios. Lo malo devorará a lo bueno al final. (Ver Pedro 13:11).

ARREPENTIMIENTO ESPIRITUAL Y CASTIGO

Arrepentimiento espiritual trae consigo el perdón de Dios, pero no cede al castigo en conección con la falta. El perdón y el castigo son dos cosas diferentes. Dios ha dicho que todo trabajo tiene su recompensa, ya sea bueno o malo. Como la Escritura advierte: "No os engañéis; Dios no puede ser burlado: pues todo lo que el hombre sembrare, eso también segará." (Gálatas 6:7). Por lo tanto, Dios puede perdonar, pero no consiente que un delincuente quede impune. Cuando los hijos de Israel pecaron contra Dios, mientras estaban en el desierto, Moisés rogó a Dios que perdóne a sus hermanos; Dios perdónó, pero Él dijo: "Entonces el

Señor pasó por delante de él [Moisés] y proclamó: "¡Jehová! ¡Jehová! fuerte, misericordioso y piadoso; tardo para la ira, y grande en misericordia y verdad; que guarda misericordia a millares, que perdona la iniquidad, la rebelión y el pecado, y que de ningún modo tendrá por inocente al malvado; que visita la iniquidad de los padres sobre los hijos y sobre los hijos de los hijos, hasta la tercera y cuarta generación." (Éxodos 34:6-7).

Para no dejar a nadie en la duda sobre la pena de toda transgresión Dios nos dió dos ejemplos. En uno de los ejemplos, Él manifestó Su reacción ante el pecado, el perdón y el castigo en la cuestión de la transgresión del rey David con Betsabé. David, un hombre conforme al corazón de Dios, el asesinato cometido en un aparente esfuerzo por cubrir su pecado de adulterio. Más tarde, Dios, que vió su crimen, envió a su profeta Natán para expresar su ira y el castigo por el crimen. David se arrepentió verdaderamente, y Dios lo perdonó. Sin embargo, el castigo se mantuvo. ¿Por qué, pues, tuviste en poco la palabra de Jehová, haciendo lo malo delante de sus ojos? A Urías heteo heriste a espada, y tomaste por mujer a su mujer, y a él lo mataste con la espada de los hijos de Amón. Por lo cual ahora no se apartará jamás de tu casa la espada, por cuanto me menospreciaste, y tomaste la mujer de Urías heteo para que fuese tu mujer." (2 Samuel 12:9-10). Y vemos que todo castigo pronunciado en contra de David por ese pecado le pasó.

Otro ejemplo es el castigo del rey Acab por desposeer y asesinar a Nabot. Cuando el profeta Elías vino de Dios a Acab, Acab se humilló y se arrepintió de verdad, pero el castigo fue meramente diferido hasta después de su muerte. Porque en verdad el rey Acab se humilló y se arrepintió después de oír el juicio de Dios contra él, el Señor envió de vuelta a Elías a él, así: "¿No has visto cómo Acab se ha humillado delante de mí? Pues por cuanto se ha humillado delante de mí, no traeré el mal en sus días; en los días de su hijo traeré el mal sobre su casa." (1 Rey 21:29).

En los dos ejemplos anteriores, los ofensores (el rey David y el rey Acab) trataron de cubrir sus pecados delante de los hombres. Pero nada puede estar oculto, acaso Dios no lo ve? Me pregunto qué hubiera pasado si hubiesen tenido remordimiento inmediatamente, sin recordatorio. ¿Qué hay de Adán y Eva? Sólo un pensamiento! Sólo Dios lo sabe!

CAPÍTULO DOS

EL FUNDAMENTO ESPIRITUAL DEL ACUERDO

Toda relación demanda un adecuado y apropiado mantenimiento, y el mantenimiento adecuado requiere de una evaluación correcta y honesta y fuerza de voluntad para hacerlo. Una relación se tambalea y se desvanece en el olvido cuando estos ingredientes esenciales faltan. Esto es tanto más frecuente en nuestra relación con Dios.

A medida que nosotros, los cristianos celebramos y alegramos por nuestra nueva dada (gracia) la vida en Jesucristo, a veces nos olvidamos de hacer un balance de nuestra relación con Dios, si todavía estamos de acuerdo con él. Algunos, por supuesto, han estado celebrando y regocijándose por un curso de años, algunos pocos años, pero otros son novatos. Un buen número de cristianos, especialmente aquellos que han estado allí durante tanto tiempo, han adquirido ahora su zona de comodidad y, a veces sus propias doctrinas y formas. Como tal, ellos creen que permanecerán para siempre. Pero si usted ha estado corriendo la carrera por el reino más tiempo o que están comenzando apenas, eso no tiene ninguna consecuencia espiritual. Lo que importa en esta carrera es qué tan bien, no cuánto tiempo. (Ver Mateo 7:21). Por lo tanto, quien sirve a Dios, sin total acuerdo con su voluntad, ha de perder su carrera hacia el reino de Dios. Este punto fue claramente expuesta por el Señor en la parábola de los obreros de la viña. Mientras que algunos obreros trabajaban por todo el día y otros sólo trabajaron una hora, recibieron la misma cantidad de salarios. Dios hace Sus cosas según su placer. Él es Dios, y quien puede competir con él?

Por lo tanto como una necesidad, es prudente tomar una acción muy honesta y adecuada y la evaluar nuestra relación con Dios, no de vez en cuando como en los negocios seculares, sino cada vez y todo el tiempo.

Nosotros debemos honestamente examinarnos si alguna vez hemos estado de acuerdo con Dios y si todavía estamos de acuerdo con el plan maestro original, y si es así, ¿estamos todavía ahora en conformidad con ese acuerdo, o nos hemos desviado de su curso? ¿Qué si nunca hemos estado en curso o nos hemos desviado de su curso? ¿Qué debemos hacer para volver a la vida? Doy las gracias al Dios misericordioso y clemente que nunca es demasiado tarde para girar a la derecha para la carrera hacia el reino. Esta es una oportunidad para girar a la derecha, y la hora y el día es ahora! (Ver Isaías 55:6; Juan 9:4; 2 Corintios 6:2; Hebreos 3:7-8.) Porque en la vida de los cristianos, cada momento que se nos permite vivir es un tiempo prestado, y nadie sabe cuando el prestamista aparecerá a demandar de lo que es suyo. Puede ser como estamos ahora, listos o no, aquí Él viene, o en el medio de la noche, como un ladrón, cuando el sueño es más dulce. Como está escrito: "Velad, pues, porque no sabéis a qué hora ha de venir vuestro Señor." (Mateo 24:42). Una vez más, "Por tanto, también vosotros estad preparados; porque el Hijo del Hombre vendrá a la hora que no pensáis." (Mateo

24:44). Usted ve, a los amados de Dios; para un verdadero creyente, no hay ninguna estación en particular, porque cada estación es temporada a dar sus frutos y estar listo. "¿Quién es, pues, el siervo fiel y prudente, al cual puso su señor sobre su casa para que les dé el alimento a tiempo? Bienaventurado aquel siervo al cual, cuando su señor venga, le halle haciendo así. De cierto os digo que sobre todos sus bienes le pondrá." (Mateo 24:45-47). Entonces el Señor fue más allá a pronunciar lo que sucedería con aquel siervo infiel que no estaba preparado ni hizo conforme a la voluntad de su Señor: "y lo castigará duramente, y pondrá su parte con los hipócritas; allí será el lloro y el crujir de dientes." (Mateo 24:51).

EL MISTERIO DE LA MALDICIÓN DEL ÁRBOL DE HIGO

Una de las manifestaciones más notables de la vida como consecuencia de no caminar en acuerdo espiritual total con Dios todo el tiempo nos fue dada por el Señor en el Evangelio de Marcos capítulo 11. En ese capítulo, leemos la historia de la higuera maldita, a saber: Mientras el Señor, Cristo Jesús, caminaba de Betania, tuvo hambre y cuando vió una higuera, Él fue a buscar fruta, pero no encontraró, y por eso Él maldijo al árbol, y éste se secó y murió. (Marcos 11:12-14)

El misterio de este incidente es realmente en el versículo 13 del capítulo: "Y viendo de lejos una higuera que tenía hojas, fue a ver si tal vez hallaba en ella algo; pero cuando llegó a ella, nada halló sino hojas, pues no era tiempo de higos." (Marcos 11:13). Considere este escenario muy bien. No era tiempo para la higuera dar sus frutos, pero el Hijo del Dios viviente (Dios mismo) se fue debajo de ella, buscando frutas. No parece justo, ¿verdad? Pero es una advertencia para nosotros de que no hay ninguna estación en particular para los hijos de Dios, porque cada hora es la temporada, y cuando Él vendrá, nadie lo sabe. Incluso las catástrofes en todo el mundo que nos rodea son tristes recordatorios de nuestra incierta y frágil naturaleza, cómo podemos estar aquí hoy e idos en los próximos minutos, como esos que estan en el trabajo y no puede regresar a la casa para la cena, etc., Oh, con qué frecuencia decimos sólo pasa a los demás y en otros lugares? ¿Pero es eso realmente?

Yo ruego al Señor para que su Espíritu nos guie (cristianos) para entender la que la única motivación y el propósito de este libro es para lograr que nosotros, especialmente aquellos que estan tan hambriento y deseoso de la verdad, para examinarnos a nosotros mismos para saber si estamos realmente caminando en acuerdo espiritual con Dios y ya están listo para la venida del Señor, Jesucristo. No soy un profeta de la fatalidad ni soy agresivo y duro como algunos que lamentablemente pueden concluir acerca de la verdad, pero, hermanos y hermanas en el Señor, Dios ha establecido su manera, la única manera de tener una relación con Él es en espíritu y verdad, en justicia y santidad por medio de Jesucristo nuestro Señor. Y sabemos que Él es inmutable, y Su camino es el derecho a la vida eterna, y la manera en que es un camino de la justicia y santidad. Soy consciente de que en estos días, la mayoría de los cristianos predican, enseñan, leen, y quieren escuchar mensajes para sentirse bien, la prosperidad, la sanación y milagros porque dicen que está bien con nosotros. Mi oración es que está bien, bueno y pacífico con nosotros. Pero Dios es Dios de "si" hacemos lo que Él nos manda a hacer, entonces sin duda será muy bien con nosotros. Es una relación recíproca. "Decid al justo que le irá bien, porque comerá de los frutos de sus manos." (Isaías 3:10). Sin embargo, en casi la mayoría de las Iglesias se dice paz, paz, cuando no hay paz. (Ver Jeremías 6:14). Dios está con nosotros cuando estamos en acuerdo espiritual con Él. Todo lo que necesitamos hacer es volver a Él, buscar primero y todo el tiempo del reino de Dios y su justicia, y sabemos que el resto de la historia. (Ver Mateo 6:33). Así dijo Jehová: Paraos en los caminos, y mirad, y preguntad por las sendas antiguas, cuál sea el buen camino, y andad por él, y hallaréis descanso para vuestra alma. Mas dijeron: "No andaremos." (Jeremías 6:16).

Francamente, el Dios de los antiguos, el Señor de los Ejércitos, sigue siendo el mismo Dios de hoy, haciendo las mismas cosas magníficas y maravillosas como las hizo para la gente en la antiguedad. El problema es que no estamos haciendo lo que la gente de antiguedad hizo, pero queremos que lo que ellos tenían.

En algún momento del 2005, estaba prevista la celebración de un avivamiento de cuatro días para una, más bien, mega-iglesia en Nigeria. Antes de comenzar el programa, el Señor me mostró algunos de los peligros, en muchas ocasiones Él lo hace, sin embargo, Él me dijo que fuera. El primer día del programa fue un jueves, y antes de que pudiera decir una palabra, el Señor me dijo que ni siquiera una sóla alma en esa iglesia, incluyendo el obispo presidente, tenía Su Espíritu. Yo retransmití este mensaje al obispo y supervisor general, y allí hubo gemido. En el tercer día del programa, siendo un sábado, mientras hablaba a la congregación, el Señor me mandó a salir de la iglesia y sus locales. Eran las 8:30 PM, y el programa de la noche estaba programado para terminar a las 10:30 PM. Continué hablando durante unos minutos, y otra vez, el Señor me ordenó que me fuera. Obedecí y me dirigí a la puerta de salida ante el asombro de todos. Me llevaron a mi hotel, sin saber lo que estaba sucediendo, excepto que yo tenía que obedecer. A las 9:00 PM, precisamente, toda la iglesia y los locales fueron invadidos por sanguinarios ladrones armados. Los locales de la iglesia se convirtieron en un campo de batalla entre los ladrones y la Policía Móvil Nigeriana . Gracias a Dios que nadie resultó herido de gravedad o muertos aunque la mayoría de la gente dentro y alrededor de la iglesia pasó la noche en los arbustos cercanos. Estaba en paz en mi habitación del hotel y sólo me enteré de lo sucedido en la mañana. Esto es sólo una muestra de las innumerables cosas de las que Dios me ha librado durante mis tres años y medio de la evangelización en África. Nuestro Dios sí sabe cómo liberar a los suyos, porque mis ojos han visto Su glory. Este no es el lugar para dar testimonio de los milagros alucinantes del Señor, mientras yo estaba allí, basta con decir que el milagro mayor y más notable fue la salvación de las almas, la humildad y el hambre de la gente a escuchar este mensaje de final de tiempo de la verdad y que se aparten de fundamentos y prácticas erradas y vuelvan al amor de verdad. Ese fue el milagro de los milagros.

Entonces, al celebrar y alegrarnos por la vida y verdad que hemos recibido, debemos celebrar y regociarnos; no obstante, el ejercicio no tiene sentido si somos nosotros quienes profesamos ser sepultados con Cristo en el bautismo y no hemos todavía resucitado con Él.

Si nosotros estamos en verdad resucitados con Cristo, debemos revestidos con Cristo. (Ver Gálatas 3:27), y estar en acuerdo espiritual con Él, haciendo las obras que Él hizo y caminar como Él anduvo. (Ver Juan 14:12; 1 Juan 2: 6).

Irónicamente, algunos de nosotros pensamos que las grandes obras de Cristo fueron los milagros y curaciones. Pero en verdad, sus obras más importantes fueron el amor, la obediencia y salvación de almas. Tenemos que ser Cristo en esta tierra, totalmente de acuerdo con el Padre, el Hijo y el Espíritu Santo, porque los tres son uno. La pregunta del millón es, Cristo ha resucitado, pero ¿has resucitado verdaderamente con él? Cada año en la Pascua, celebramos el acontecimiento más importante en la vida de los cristianos, -la resurrección- de nuestro Señor y Salvador Jesucristo. Pero en verdad, Cristo ha resucitado y está sentado a la diestra del poder y majestad, pero ¿cuántos de nosotros hoy en día hemos verdaderamente resucitado con Él?

"Si, pues, habéis resucitado con Cristo, buscad las cosas de arriba, donde está Cristo sentado a la diestra de Dios. Poned la mira en las cosas de arriba, no en las de la tierra." (Colosenses 3:1-2). Es una vida totalmente nueva, basada en la justicia y la santidad sin manchas o imperfecciones -una compenetración total con Cristo. "Porque somos sepultados juntamente con él para muerte por el bautismo, a fin de que como Cristo resucitó de los muertos por la gloria del Padre, así también nosotros andemos en vida nueva. Porque si fuimos plantados juntamente con él en la semejanza de su muerte, así también lo seremos en la de su resurrección; sabiendo esto, que nuestro viejo hombre fue crucificado juntamente con él, para que el cuerpo del pecado sea destruido, a fin de que no sirvamos más al pecado." (Romanos 6:4-6). Así que realmente ha usted resucitado con Cristo? Al celebrar, debe ser un tiempo sobrio y de reflexión- para hacer un balance y un examen de conciencia cuidadoso de nuestra posición con el Señor. Por esta razón, es prudente espiritualmente llorar, mas que para beber y bailar. Como dice la Escritura: "Mejor es ir a la casa del luto que a la casa del banquete; porque aquello es el fin de todos los hombres, y el que vive lo pondrá en su corazón. Mejor es el pesar que la risa; porque con la tristeza del rostro se enmendará el corazón." (Eclesiastés 7:2-3) (véase también Proverbios 15:13). Por otra parte, el Señor proclamó bendiciones a los que lloran ahora de corazón, porque ellos serán consolados

(Mateo 5:4). Como apóstol Pablo dijo: "Porque la tristeza que es según Dios produce arrepentimiento para salvación." (2 Corintios 7:10). Una vez más, el Señor consoló a sus apóstoles con estas palabras tranquilizadoras aunque difícil de entender. "De cierto, de cierto os digo, que vosotros lloraréis y lamentaréis, y el mundo se alegrará; pero aunque vosotros estéis tristes, vuestra tristeza se convertirá en gozo." (Juan 16:20). Y tanta alegría que nadie puede quitar de nosotros. (Ver Juan 16:22). Es por lo tanto major llorar ahora y aguantar la pena presente, porque la alegría eterna aguarda a los que vencen.

Es por eso que estamos seriamente amonestados en las escrituras para estar siempre vigilantes y cuidadosos; para no dejarnos llevar a nuestra zona de comodidad seguros de sí mismo, en que podamos concluir falsamente que hemos llegado. "Servir a Jehová con temor. Y alegraos con temblor." (Salmo 2:11) Una vez más, "Por tanto, amados míos, como siempre habéis obedecido, no como en mi presencia solamente, sino mucho más ahora en mi ausencia, ocupaos en vuestra salvación con temor y temblor." (Filipenses 2:12). ¿Hay alguna amonestación más relevante en momento en que nos encontramos que ésto? Por alguna razón, algunos cristianos (ministros) han renunciado a la complacencia basados en equivocadas y no biblicas doctrinas y la creencia de que una vez salvos, usted es salvo y seguirá siendo salvo para siempre, pase lo que pase después. Que creencia falsa y que descarada doctrina. Pues, por que alguien trabajaría su propia salvación con temor y temblor si es tan seguro que desde el día en que aceptó a Cristo como Señor, su salvación está garantizada hasta el final, sin importar lo que él hace a partir de entonces. ¿No está escrito: "Mas el que persevere hasta el fin se salvará." (Mateo 10:22, 24:13). Entonces, ¿cómo se los primeros en últimos? (Ver Mateo 19:30.)

Como leemos en el capítulo anterior, el apóstol Pablo dijo que él obtuvo misericordia de Dios, porque los males que hizo fueron realizadas por ignorancia. Pero después de haber conocido la verdad, nos obligamos a ella. ¿No estamos nosotros privados a la advertencia que es imposible ser renovado otra vez si cayéramos después de que hayamos sabido la verdad? (Vea Hebreos 6:4-6.)

Y de nuevo, el que pone la mano en el arado y vuelve hacia atrás no es apto para el reino de Dios. (Ver Lucas 9:62).

¿No es el reino de Dios una carrera de resistencia? Una carrera es una carrera a la línea de meta, y hasta llegar allí, se debe "trabajar en vuestra salvación con temor y temblor." (Ver Filipenses 2:12). ¿No son muchos llamados y pocos los escogidos? Si no todos los israelitas salvados de la esclavitud egipcia, pero ¿cuántos de ellos entraron en la tierra prometida? "Mas quiero recordaros, ya que una vez lo habéis sabido, que el Señor, habiendo salvado al pueblo sacándolo de Egipto, después destruyó a los que no creyeron." (Judas

1:5). Suponiendo que, con el fin de argumentos, que la doctrina falsa es correcta, entonces, ¿cómo puede uno vencer para recibir la corona de la vida, salvo que persevere hasta el fin? (Ver Apocalipsis 2:7, 10, 17, 3:5). Y como está escrito: "Mas si el justo se apartare de su justicia y cometiere maldad, e hiciere conforme a todas las abominaciones que el impío hizo, ¿vivirá él? Ninguna de las justicias que hizo le serán tenidas en cuenta; por su rebelión con que prevaricó, y por el pecado que cometió, por ello morirá." (Ezequiel 18:24). Es imperativo, por consiguiente, que cada cristiano que esta verdaderamente hambriento por el reino de Dios tome este auto-examen, porque el día del juicio final está aquí, y la venida del Señor está, ciertamente muy cercana. No deje que nadie le engañe y manipule con doctrinas atractivas y palabras para sentirse bien. Es sólo la verdad la que salva y libera a los que saben y corren tras ella, y la única manera de saberlo es vivirla. Esa fue la misma razón, por la que el Señor advirtió a Sus jubilosos discípulos que volvían con humor celebrativo, diciendo: (Lucas 10:17). Y el Señor les dijo: "He aquí os doy potestad de hollar serpientes y escorpiones, y sobre toda fuerza del enemigo, y nada os dañará." (Lucas 10:19). ¡Qué impresionante momento de celebración había sido para los discípulos. Pero el Señor no escatimó la verdad y la realidad de la carrera del reino como Él les advirtió, no a celebrar tanto y tan rápido.

"Pero no os regocijéis de que los espíritus se os sujetan, sino regocijaos de que vuestros nombres están escritos en los cielos." (Lucas 10:20). En otras palabras, no es lo que hemos logrado, sino más bien a lo que verdaderamente nos hemos convertido, como resultado de lo mismo. Por lo tanto, le digo a todos los cristianos, no se alegren porque Cristo ha resucitado, sino alegrense de que se han resucitado con él. Un par de años atrás, mientras yo estaba ministrando en una iglesia en África, toda la iglesia estaba cantando y bailando durante el tiempo de la ofrenda, y las palabras eran agradables, para la congregación que fue alegremente dispuesto a dar. "Tiempo de Ofrenda" Y la respuesta, "Tiempo de Bendición" Cuando me levanté para ministrar, el Señor me dijo que dijese a la congregación que recordaran también que el tiempo de aflicción es un tiempo de bendición.

Para que nuestra pregunta del millón de dólares no sea olvidada, ahora pasaremos al próximo capítulo.

CAPÍTULO TRES

¿ES USTED VERDADERAMENTE NACIDO DE DIOS Y RESUCITADO CON CRISTO?

Durante uno de los días de mi reclusión en la casa, el cual mencioné en la introducción del libro, el Señor me dijo que Él me había llamado con un sólo propósito: para ir a preparar a la gente para su venida, y que Él me enviaría a sus iglesias, porque el noventa y nueve por ciento de todos los que estan en sus iglesias no lo conocen, porque ¿cómo podrían conocerlo cuando no le aman, y cómo podría alguno amarlo, a menos que le obedezca a todo lo que Él ha mandado.
Por lo tanto, todo cristiano que desea la vida eterna, sin importar la posición o el tiempo de servicio en el Señor, sin rodeos que responda a la pregunta anterior, con franqueza, porque quien se engaña a sí mismo con las cosas de Dios está condenado para siempre. Porque todo lo escrito aquí esta específicamente de acuerdo a las enseñanzas que el Señor me dió. En muchas iglesias a las cuales el Señor me ha llevado a servirle, cuando pido una votación de mano alzada de todos los que creen que han nacido de Dios (nacido de nuevo), casi todas las manos se levantan, pero después de unos diez a quince minutos de ministración sobre el tema y repito la misma pregunta, casi ninguna mano se ha levantado. Estas fueron personas honestas consigo mismas, sabiendo muy bien que era un asunto entre ellos y Dios.

Sin una comprensión espiritual de lo que verdaderamente es nacer de nuevo, no es posible caminar de acuerdo con Dios. Porque Dios es un espíritu, y aquel que es nacido de él debe, necesariamente, ser de espíritu. Y si es de espíritu, significa que aquel que es nacido de Dios es espíritu, y si es del Espíritu de Dios, él es dios porque es nacido de Dios. Por muy provocativo que este pensamiento sea, no obstante, es bíblicamente correcto y verdadero. Aquel que es nacido de Dios es una réplica de Dios, fundido en un solo espíritu con Dios. Esto es lo que se entiende por transformación total a la imagen de Cristo. Esto es convertirse en uno con Cristo como Cristo es uno con el Padre. "Yo y el Padre somos uno. El que me ha visto a mí ha visto al Padre." (Juan 10:30, 14:9). Las Escrituras nos dicen que en el principio, Dios creó al hombre a su imagen y semejanza. (Ver Génesis 1:27). Esa imagen era una imagen perfecta de Dios, porque Dios es perfecto. Con la posterior caída del hombre se fue con ella la pérdida de esa imagen perfecta. Dios, con Su bondad, gracia y misericordia envió a su Hijo unigénito, Jesucristo, con el único propósito de restaurar esa imagen perfecta y la relación con los que creen y obedecen Su voz. Todas las cosas producen y se reproducen de acuerdo con su especie, y cuando Dios produce o reproduce, Él reproduce dioses. Esto es nacer de nuevo como dios. Es imposible que un árbol de bananas pueda producir frutos de naranja. "Mas a todos los que le recibieron, a los que creen en su nombre, les dió potestad de ser hechos hijos de Dios; los cuales no son engendrados de sangre, ni de voluntad de carne, ni de voluntad de varón, sino de Dios." (Juan 1:12-13).

"Lo que es nacido de la carne, carne es; y lo que es nacido del Espíritu, espíritu es." (Juan 3:6). En otras palabras, cualquiera que es nacido de Dios (espíritu) es dios (espíritu).

Pero, ¿cuántos de nosotros podemos real y honestamente decir que somos uno con Cristo y por lo tanto dioses, la luz y la sal del mundo para los incrédulos y hasta con el diablo? ¿Por qué es este asunto de importancia? Sin una transformación total, - es decir, un verdadero Espíritu de Dios, - nadie puede adorar a Dios en espíritu y en verdad. Porque Dios es Espíritu, y a menos que seamos de Su espíritu (nacido de Él), es imposible relacionarse con Él. (Ver 1 Corintios 2:11). El hombre natural (la carne y la sangre) no puede recibir las cosas del Espíritu de Dios, porque son espirituales, como la carne y la sangre no puede entrar en el reino de Dios. (Ver 1 Corintios 2:14). Es por eso que el que profesa estar en Cristo deben, necesariamente, ser una criatura completamente nueva sin ninguna ropa vieja, o sobra de cualquier tipo, porque cuando Cristo entra, Él hace nuevas todas las cosas. (Ver Isaías 65:17, 2 Corintios 5:17; Apocalipsis 21:5). El problema es que la mayoría de nosotros profesamos ser nuevos, pero en realidad, somos sólo nubes sin lluvia, porque algo de lo antiguo permanence en nosotros hasta nuestros días. Por lo tanto, la mayoría de nosotros somos vino viejo intentando entrar en una botella nueva. Todos los que están en Cristo que se vistan de Cristo, Cristo mora en ellos, y ellos en Cristo. Se convierten en Cristo, uno con Él. (Ver Gálatas 3:27). "Porque todos los que son guiados por el Espíritu de Dios, éstos son hijos de Dios." (Ver Romanos 8:14). Y como dice la Escritura:

"Mas vosotros no vivís según la carne, sino según el Espíritu, si es que el Espíritu de Dios mora en vosotros. Y si alguno no tiene el Espíritu de Cristo, no es de él." (Romanos 8:9).

Por eso la Escritura nos dice revelantemente: "El que dice que permanece en él, debe andar como él anduvo." (1 Juan 2:6). Por lo tanto, aquellos que han nacido de Dios deben trabajar en la novedad de vida fiel en la justicia y santidad como Dios es. "Y vestíos del nuevo hombre, creado según Dios en la justicia y santidad de la verdad." (Efesios 4:24). Recomiendo que el lector se esfuerce a leer Efesios 4, especialmente los versículos 14-32. Estos versos dan una idea de una visión de la nueva criatura en Cristo.

Estar consciente de la posibilidad de que algunos lectores podrían ser incómodados con la posición y la declaración de que todo aquel que es nacido de Dios es dios, vamos a las Escrituras como la fuente. En el libro de los Salmos, Dios llamó a sus verdaderos hijos dioses: "Yo dije: Vosotros sois dioses. Y todos vosotros hijos del Altísimo." (Salmo 82:6). Nuestro Señor cita esta escritura a los Judíos que fueron ofendidos por su afirmación de que era uno con el Padre. "¿No está escrito en vuestra ley: 'Yo dije, dioses sois?" (Juan 10:34). Asegurando a Moisés del poder y la autoridad del nuevo espíritu en él, Dios lo hizo entender que él (Moisés) era Dios a otros.

En cuanto a la relación ministerial entre Moisés y Aarón, Dios dijo: "Y él hablará por ti al pueblo; él te será a ti en lugar de boca, y tú serás para él en lugar de Dios." (Éxodos 4:16). Y en cuanto a Faraón, Dios dijo a Moisés: "Mira, yo te he constituido dios para Faraón."

(Éxodos 7:1). Cuando estamos de acuerdo con Dios, su Espíritu habita en nosotros, y como tal, nos convertimos en dioses a los incrédulos, e incluso los demonios.

CAPÍTULO CUATRO

LAS CARACTERÍSTICAS ESPIRITUALES DEL NACIDO DE DIOS

Brevemente declaro y explico aquí las cuatro características claves de una persona nacida de Dios.

Estos son los atributos divinos claves, y si un cristiano carece de alguno de ellos, el individuo aún está por nacer de nuevo. Como se explicó anteriormente, el que nace del Espíritu (Dios) es el espíritu (dios). No hace falta decir entonces que uno que es un espíritu debe, necesariamente, ser adorado con características y atributos espirituales. Me doy cuenta de que cada una de estas cuatro características puede tener una vida propia como un capítulo completo separado en un libro. Sin embargo, con el propósito de este libro y para un llamado de autoexamen de conciencia, son discutidas aquí brevemente y al punto.

En muchas iglesias donde el Señor me ha llevado a ministrar, he intentado poner de relieve el papel esencial de estos atributos en la vida de un nacido de Dios al sugerir a los cristianos que escriban estos atributos y los coloquen en un lugar estratégico visible en su casa, donde ellos pueden leerlos y hacerse preguntas todos los días. Puede ser una de los más eficaces lecturas devocionales diarias. Ser nacido de Dios es dios en la tierra, viviendo todo el tiempo para agraderle, conforme y de acuerdo con Él, vivendo y siendo la verdad. Por lo tanto, como espíritus, debemos tener un corazón espiritual, una mente espiritual, un cuerpo espiritual, y un espíritu nuevo.

CORAZÓN ESPIRITUAL

Si somos verdaderamente nacido de Dios, de hecho que debemos tener un corazón nuevo: un corazón de amor perfecto, compasión, misericordia, perdón, humildad, sumisión y obediencia a todas las palabras, los mandamientos y las doctrinas de Cristo. Este es un corazón contrito y humillado, el cual Dios juró que no rechazaría, porque tal corazón es el corazón de Dios y Su único aceptado sacrificio. "Los sacrificios de Dios son el espíritu quebrantado; al corazón contrito y humillado no despreciarás tú, - Oh Dios." (Salmo 51:17) Este nuevo corazón es dado por Dios a aquellos que están verdaderamente dispuestos a rendirse totalmente a su voluntad, porque sin un corazón espiritual, ninguna persona puede amar y obedecer a Dios como Dios nos manda a hablar menos y a amar a nuestros enemigos. "Echad de vosotros todas vuestras transgresiones con que habéis pecado, y haceos un corazón nuevo y un espíritu nuevo." (Ezequiel 18:31). Y de nuevo: "Y les daré un corazón, y un espíritu nuevo pondré dentro de ellos; y quitaré el corazón de piedra de en medio de su carne, y les daré un corazón de carne." (Ezequiel 11:19). "Por lo cual, este es el pacto que haré con la casa de Israel. Después de aquellos días, dice el Señor: Pondré mis leyes en la mente de ellos, Y sobre su corazón las escribiré; Y seré a ellos por Dios, Y ellos me serán a mí por pueblo." (Hebreos 8:10).

Para aquellos que son los elegidos de Dios, y nacidos de Él, se cumple esta promesa de una nueva relación de convenio con Dios, por lo cual Dios vive en ellos. Esto es una transformación total a Su imagen; es haber nacido de nuevo de Dios.

¿Y por qué razón Dios nos da un corazón nuevo? De modo que, en primer lugar, podamos obedecer Sus mandamientos. "…para que anden en mis ordenanzas, y guarden mis decretos y los cumplan, y me sean por pueblo, y yo sea a ellos por Dios." (Ezequiel 11:20). En segundo lugar, nuestro corazón debe ser puro, porque Dios habita allí, y Él es santo y habita en lugares santos, y sólo los que son puros de corazón le verán: "Bienaventurados los de limpio corazón, porque ellos verán a Dios." (Mateo 5:8). Una nueva criatura debe, necesariamente, tener un corazón nuevo. Las Escrituras afirman que cuando el Espíritu de Dios vino sobre el rey Saúl, se convirtió en otro hombre con un corazón nuevo. "Aconteció luego, que al volver él la espalda para apartarse de Samuel, le mudó Dios su corazón." (1 Samuel 10:9). El peligro para la mayoría de nosotros es que somos como las serpientes, que sueltan la piel vieja por una nueva, pero aún conservan los corazón venenosos viejos. Como dice la Escritura: "Pues no es judío el que lo es exteriormente, ni es la circuncisión la que se hace exteriormente en la carne; sino que es judío el que lo es en lo interior, y la circuncisión es la del corazón, en espíritu." (Romanos 2:28-29).

MENTE ESPIRITUAL

Uno nacido de Dios debe tener una mente espiritual que se renueva todo el tiempo, una mente resucitada con Cristo y establecida en las cosas que son de arriba donde Cristo está sentado a la mano derecha de la Majestad. Es por eso que las escrituras fuertemente incitan al verdadero nacido de Dios para ser renovados en el espíritu de sus mentes para no andar en inutilidad como incrédulos. "Esto, pues, digo y requiero en el Señor: que ya no andéis como los otros gentiles, que andan en la vanidad de su mente, y renovaos en el espíritu de vuestra mente." (Efesios 4:17, 23). La escritura anterior muestra claramente que hay una mente espiritual que necesita ser renovada todo el tiempo en la vida de aquel que es nacido de Dios. Porque aquel que es nacido de Dios es un espíritu y tiene la mente de Cristo, y la mente de Cristo es spiritual. (Ver 1 Corintios 2:16).

Es una verdad evidente de que nuestros más grandes batallas se libran en la mente, y es igualmente obvio que todo lo que controla nuestro proceso mental nos controla. Por lo tanto, es absolutamente imperativo para un verdadero nacido de nuevo/nacido de Dios ganar la batalla de la mente. En realidad, es imposible pelear una batalla espiritual con una mente carnal. "Pues aunque andamos en la carne, no militamos según la carne; porque las armas de nuestra milicia no son carnales, sino ponderosas en dios para la destrucción de fortalezas." (2 Corintios 10:3-4). El apóstol Pablo, en el mismo capítulo, nos explicó cómo se puede combatir con éxito esta guerra espiritual: "derribando argumentos y toda altivez que se levanta contra el conocimiento de

Dios, y llevando cautivo todo pensamiento a la obediencia a Cristo." (2 Corintios 10:5).

Apenas regresando, después más de tres años de la labor evangelizadora en Nigeria, y como es en la mayoría de las naciones en desarrollo del mundo, debo, sin contradicción, decir que el mayor obstáculo para el crecimiento espiritual y la madurez de los cristianos en estas partes del mundo, es la esclavitud al miedo espiritual de lo desconocido.

Lamentablemente, el temor cada vez más dominante a los poderes de la oscuridad, la maldad, y las fuerzas del mal han paralizado a la luz, a lo que estas naciones se sumieron en una oscuridad horrible nunca antes conocida. Sin embargo, a pesar de la proliferación de iglesias en cada esquina, estas naciones parecen golpear en la serie cíclica de la esclavitud perpetua de miedo espiritual de lo desconocido. Peor aún, el miedo espiritual ha tomado un lugar central de la comercialización de impíos, siendo impulsada y reforzada por la propia institución (iglesia), la cual fue encargada originalmente para ayudar a liberar a los cautivos. Es abominable que los mismos ministros del Evangelio, que han sido encomendados para fomentar, fortalecer y alimentar al rebaño, son los agentes de la servidumbre espiritual, el devorador y destructor de la viña de Dios. (Ver Jeremías 12:10, 23:2, 11; Ezequiel 34:1-6; Mateo 23:14; 1 Timoteo 4:1-2; 1 Pedro 2:1-6). Impulsados por la codicia, han conseguido que casi todo el mundo crea en el diablo. Todo el mundo está poseído o el o ella tienen algún persiguidor de las fuerzas del mal; toda mujer joven y bella tiene un esposo espiritual marino, todas las desgracias es el resultado de una persona malvada que ha atado la fortuna. Algunos lagartos son espíritus de vigilancia, el gato es demoníaco. Cada esterilidad se debe a la brujería, cada aborto involuntario es causada por una mala persona que ha robado el feto del vientre. Oraciones especiales se llevan a cabo en los arbustos (arbusto de oración), en las riberas, lavando el cuerpo con la sangre de cordero sin mancha, con sacrificios de animales orquestada y dirigida por estos agentes de la oscuridad desfilando como ministros de Cristo, etc. Ahora, ¿Dónde comienzo y paro de hablar de estas enseñanzas y prácticas abominables e impías, que han llevado a casi una total ceguera espiritual a estas naciones, ahora más que nunca? ¿Y qué con todo lo atractivo, astuto, manipulador, engañoso, y tretas mentirosos? Hacen que la gente acepte la servidumbre espiritual mientras hacen mercancía de ellos, devorando y cargando grandes sumas de dinero para la llamada liberación especial, y oraciones de liberación. Y esto lo hacen sin conciencia mientras dicen: "Paz, paz; cuando no hay paz. Como esta escrito en el libro de Jeremías. Porque desde el más chico de ellos hasta el más grande, cada uno sigue la avaricia; y desde el profeta hasta el sacerdote, todos son engañadores. "Y curan la herida de mi pueblo con liviandad, diciendo: Paz, paz; y no hay paz. ¿Se han avergonzado de haber hecho abominación? Ciertamente no se han avergonzado, ni aún saben tener vergüenza; por tanto, caerán entre los que caigan; cuando los castigue caerán, dice Jehová." (Jeremías 6:13-15). El Señor aborrece las prácticas análogas de los fariseos, así: "¡Ay de vosotros, escribas y fariseos, hipócritas! Por que devoráis las casas de las viudas, y como pretexto hacéis largas oraciones; por esto recibiréis mayor condenación" (Mateo 23:14). Como el Señor aborrece y castiga severamente la casa de Eli por el abuso de su sacrificio (un corazón roto vulnerables), así será con esta generación de los engañadores, manipuladores y mentirosos que se aprovechan de los débiles y los niños más vulnerables de Dios. (Ver 1 Samuel 2:22-26, 27-36). Entonces, "Jehová dijo a Samuel: He aquí haré yo una cosa en Israel, que a quien la oyere, le retiñirán ambos oídos. Aquel día yo cumpliré contra Elí todas las cosas que he dicho sobre su casa, desde el principio hasta el fin. Y le mostraré que yo juzgaré su casa para siempre, por la iniquidad que él sabe; porque sus hijos han blasfemado a Dios, y él no los ha estorbado. Por tanto, yo he jurado a la casa de Elí que la iniquidad de la casa de Elí no será expiada jamás, ni con sacrificios ni con ofrendas." (1 Samuel 3:11-14). ¿Y qué hicieron los hijos de Eli que provocaron tal ira de Dios? Abusaron del mejor sacrificio de Dios, el mayor sacrificio de Dios es un corazón roto, que le busca desesperadamente él. Tomaron ventaja indebida de las mujeres vulnerables que vinieron a buscar al Señor. (Ver 1 Samuel 2:22). El uso indebido de tal sacrificio, bajo el color de la autoridad, o llamado del sacerdocio, o en el nombre del Señor, es abominacion de la proporción de una epopeya a los ojos de Dios. Sin duda, Dios puso el ejemplo de Elí para todos los que profesan ser siervos del Dios viviente. Mi oración es para que el Señor utilice esta obra para que venga la conversión y el arrepentimiento total en todas Sus iglesias.

No niego el hecho evidente de que la maldad y los poderes del mal acechan en cada rincón de nuestro mundo como yo era, no en poca medida, una víctima de tales malvados y horrible actos. Admito que pueden haber brujas (reales o imaginarias) en casi todas las naciones. Por lo tanto, permítanme disipar la condenación de algunos que podrían acusarme de ingenuidad de las situaciones peligrosas prevalentes en esas sociedades. No obstante, estoy hablando acerca de la iglesia de Jesucristo y, más concretamente, a aquellos que dicen haber nacido de nuevo, pero todavía estan viejos en sus mentes y sus creencias.

Aquel que es espiritualmente miedoso está aún en la oscuridad, sin saber su camino. Porque si mientras estamos en el mundo, no somos la luz del mundo, sin duda estamos en la oscuridad. "Este es el mensaje que hemos oído de él, y os anunciamos: Dios es luz y no hay ninguna tinieblas en él. Si decimos que tenemos comunión con él, y andamos en tinieblas, mentimos y no practicamos la verdad." (1 Juan 1:5-6). El que está espiritualmente con miedo a lo desconocido esta en el régimen de servidumbre; no tienen libertad. Porque aún no se libró del dominio de la oscuridad y no puede servir a Dios sin temor (Colosenses 1:13, Lucas 1: 74-75). "Porque el Señor es el Espíritu; y donde está el Espíritu del Señor, allí hay libertad." (2 Corintios 3:17). ¿Qué nos dice esto? Simplemente, que donde no hay Espíritu de Dios, no puede nunca haber libertad y no se puede ser libre. Entonces es válido que cualquiera que es espiritualmente temeroso no tiene el Espíritu de Dios en él y no es una nueva criatura, porque no se puede ser nuevo y viejo al mismo tiempo. Por lo tanto, el individuo no es nacido de Dios (nacido de nuevo). Porque, en realidad, los que son nacidos de nuevo son nuevas criaturas que han sido liberados de la potestad de las tinieblas y se transforman en la imagen de Cristo para que puedan servir a Dios en justicia y santidad todos los días de su vida sin temor. No hace falta decir entonces que un Cristiano que sigue siendo espiritualmente miedoso a lo desconocido no sólo esta en la esclavitud todavía, sino que también declara que son mayores los que estan en el mundo que él que vive en el. Porque en verdad, tememos a las esas fuerzas que son más grandes y más poderosas que nosotros. Y el que tiene miedo ya ha perdido la batalla antes de empezar. Porque él es espiritualmente ciego y no puede ver que los que están con él son más que los que están en contra de él. (Ver 2 Reyes 6:16-17).

En las iglesias y reuniones de oración en África y la mayoría de las partes del mundo en desarrollo, el tiempo más alegre y emocionante durante los servicios sería las recitaciones generales de las promesas maravillosas de la liberación y protección de Dios, como: "Ninguna arma forjada contra ti prosperará." (Isaías 54:17). Si uno dice que Dios, el Dios Todopoderoso, el Alfa y la Omega, el Señor de los Ejércitos, esta realmente con él y todavía permanece en esclavitud espiritual del miedo, es un mentiroso. Además, el que es espiritualmente miedoso no tiene poder espiritual, ni la mente buena y sana. "Porque no nos ha dado Dios espíritu de cobardía, sino de poder, de amor y de dominio propio." (2 Timoteo 1:7).

Una vez más, la muerte y resurrección de Jesucristo es en vano que un Cristiano que está esclavizado por la servidumbre de miedo a la muerte, ya que Cristo vino a vencer a la muerte para nosotros. "y librar a todos los que por el temor de la muerte estaban durante toda la vida sujetos servidumbre." (Hebreos 2:15).

Cuando he preguntado a las congregaciones, a lo que ellos tienen miedo, es su respuesta sólo se refleja cuanto malinterpretado el estado de un cristiano como un (dios) nacido de Dios es. El único culpable por miedo es la *muerte.* Y cuando he respondido y les dijo que tengo divinas y buenas noticias, sus ojos se abren de ansiedad, entusiasmo, y anticipación. La buena y divina noticia es: "Todos vamos a morir, así que no temas matarnos físicamente antes de nuestro tiempo." Porque si de verdad creemos que todos estamos en Cristo, nacido de Dios, hemos muerto y resucitado con Él, ¿qué decir de los que profesan y todavía tienen miedo de la muerte? "digo: De cierto, de cierto os digo: El que oye mi palabra, y cree al que me envió, tiene vida eterna; y no vendrá a condenación, mas ha pasado de muerte a vida." (Juan 5:24).

En el camino a un programa de avivamiento, el Señor me pidió que le dijera a la congregación que se levantará para él "una generación de dioses, una generación libre de la esclavitud de la mente." Además, el Señor me dijo que la mayoría de los cristianos, si no todos los Cristianos, en estos países en desarrollo creen en el diablo y son como el gallo grande (gallo) Eso se escapa aterrorizado en el menor aproximación o la imaginación de la apariencia de una cometa. Y cuando compartí estas revelaciones con las congregaciones, hubo indignación hasta que finalmente entendieron. Usted ve, al que le creamos sus obras, él nos influye sobre todo cuando dichas obras nos dan miedo y consternación, nosotros espiritualmente creemos en él. Por lo tanto, si decimos que no creemos en el diablo pero creemos que en sus obras tanto que tales creencias nos influyen y controlan nuestra mente considerablemente; nosotros todavía creemos en el diablo, porque el diablo y sus obras son los mismos. Cuando el apóstol Felipe le pidió al Señor que les mostrara al Padre, el Señor respondió entre otras cosas, "Creedme que yo soy en el Padre, y el Padre en mí; de otra manera, creedme por las mismas obras." (Juan 14: 11).

En cuanto a la ilustración de gallo, es mejor entendido por la gente que fueron criadas o viven en las zonas rurales, comúnmente en villas. Sin falla, y más bien muy temprano en la mañana, el gallo afirma su autoridad como el rey de los pájaros con sus alas y los cuervo alto. Pero tan pronto, una pequeña cometa aparece o se imagina que aparezca arriba en el aire, el gallo grande corre para salvar su vida, presa de miedo a la muerte. Usted ve, el gallo ha crecido más allá de la capacidad para que una cometa se lo pueda llevar, pero todavía el gallo está cegado por la esclavitud del miedo, y por eso, nunca será libre o estará en libertad. Al igual que el gallo, que adquirió su temor de mamá gallina, nuestro miedo espiritual no es ni hereditario ni real. Pero fue pasando de generación en generación. Esto explica por qué los niños que han nacido y criado aquí en los Estados Unidos y Europa no cargan con la aplastante esclavitud. El mayor peligro es que la propia institución, que es la única esperanza de la libertad espiritual y la libertad, esta ahora al frente de la explotación, la manipulación, el engaño y la mentira.

Como he dicho antes, yo sé lo que significa sufrir en manos de las fuerzas infernales y diabólicas, pero creo en el poder y la autoridad de Jesucristo como superior a todas las fuerzas en este mundo. Creo de todo corazón la palabra de Dios que si Él está conmigo, nada puede estar delante de mí. Además, no podemos vencer y expulsar al enemigo (demonio) cuando tenemos miedo de él. La mayor táctica del diablo es el miedo, y Dios lo sabe tan bien que en todas las situaciones cuando Se le apareció a Su pueblo las dos primeras palabras que habló fueron: *No temas.* El libro de Josué revela mucho. Dios le dijo a Josué que sea fuerte y valiente para que pudiera obedecerle implícitamente. También ordenó a Josué que no tuviera miedo porque él estaría con él donde quiera que fuera. (Ver Josué 1:9). Además, Dios le prometió a Josué lo que Él nos ha prometido: "Nadie te podrá hacer frente en todos los días de tu vida." (Josué 1:5). Estos dos versículos citados anteriormente son los favoritos de la mayoría de las iglesias porque son refuerzos de aliento, pero vacíos, hasta que nos adherimos a las palabras de Dios y sus mandamientos como hizo Josué. "Nunca se apartará de tu boca este libro de la ley, sino que de día y de noche meditarás en él, para que guardes y hagas conforme a todo lo que en él está escrito; porque entonces harás prosperar tu camino, y todo te saldrá bien." (Josué 1:8).

¿Podría entonces ser que la servidumbre espiritual paralizante del miedo entre aquellos que profesan ser nacido de nuevo en estos países se debe a la falta de amor perfecto y la obediencia implícita a la palabra de

Dios? Las Escrituras nos dicen que quien tiene miedo (espiritualmente) no es perfecto en el amor porque el amor perfecto elimina el miedo, y Dios es amor. (Ver 1 Juan 4:16, 18). Quien no es perfecto en el amor no es perfecto en Dios. Concluyo, pues, que cualquier persona que tenga miedo a lo desconocido espiritual aún no ha nacido de Dios.

CUERPO ESPIRITUAL

Nuestro cuerpo mortal, crucificado y sepultado en el bautismo con Cristo, se convierte en un nuevo y transformado templo espiritual donde Dios mora. Lo que es nuevo es nuevo para cualquiera y todos los propósitos. Y donde queda una sombra de lo Viejo, en lo que se dice que es nuevo, ciertamente no es nuevo. Este es el caso de la mayoría de nosotros que profesamos ser nacido de nuevo. Cualquiera cosa que nuestro cuerpo (la carne) desea, nos controla, y que empleamos a nuestro cuerpo para servirle, es de hecho nuestro verdadero patrón.

"¿No sabéis que si os sometéis a alguien como esclavos para obedecerle, sois esclavos de aquel a quien obedecéis, sea del pecado para muerte, o sea de la obediencia para justicia?" (Romanos 6:16). Nuestro Señor y Salvador Jesucristo, nos dijo claramente en este mundo, hay dos contendientes poderes sobre nuestro ser, y al que le obedecemos/rendimos es a la persona que amamos y no podemos servir a dos señores. (Ver Mateo 6:24). Por lo tanto, lo que hacemos con nuestros cuerpos muestra claramente si somos de Dios y para Dios o en contra de Él. Aquel que es nacido de Dios no debe contaminar la morada de Dios. "El que practica el pecado es del diablo; porque el diablo peca desde el principio. Para esto apareció el Hijo de Dios, para deshacer las obras del diablo." (1 Juan 3:8).

Ahora, esto puede sonar duro para algunos de nosotros, pero es la verdad única. Si un hijo de Dios, por un momento, tienen una comprensión más profunda de lo que significa que Dios habita en él y que él es la verdadera casa de Dios, entonces es capaz de apreciar por qué su cuerpo debe ser el templo más sagrado que existe. El cuerpo espiritual de uno nacido de Dios tiene que ser más santos que cualquier templo/iglesia construída con las manos. "Jehová dijo así: El cielo es mi trono, y la tierra estrado de mis pies; ¿dónde está la casa que me habréis de edificar, y dónde el lugar de mi reposo? "Mi mano hizo todas estas cosas, y así todas estas cosas fueron, dice Jehová; pero miraré a aquel que es pobre y humilde de espíritu, y que tiembla a mi palabra." (Isaías 66:1-2). Sabiendo entonces que verdadera morada de Dios es nuestro cuerpo, los que son verdaderamente de él, debe santificarse en la pureza, la justicia y la santidad todos los días de sus vidas para crucificar y mortificar la carne y ponerla sujeta y obediente al Espíritu de Dios. (Ver Romanos 6:6, 2 Corintios 10:5; Gálatas 5:24; Efesio 4:24; 1 Juan 3:3). Salvo que esto sea así, uno nunca puede ser verdaderamente nacido de Dios. Pero, en verdad, los cristianos nacidos de Nuevo, la mayoría de los que lo profesan, han sacado a Dios fuera de su casa y convertido lo que debería ser el templo más sagrado, en casa de mercadería y del diablo. Lamentablemente, la mayoría de nosotros, por nuestras acciones, contaminamos más el templo de Dios dentro de nosotros, con lo que arrastra a otros a lo largo de un camino destructivo.

Las Escrituras nos dicen que por primera vez en la vida de nuestro Señor Jesucristo, Él expresa la ira y la hostilidad abierta contra los que se profanar el templo de Dios, que el templo fue construido a mano. Ahora imagina lo que haría al que contamina su verdadera morada. Gracias a Dios por no dejarnos en la duda.

"¿No sabéis que sois templo de Dios, y que el Espíritu de Dios mora en vosotros? Si alguno destruyere el templo de Dios, Dios le destruirá a él; porque el templo de Dios, el cual sois vosotros, santo es." (1 Corintios 3:16-17). Incluso ahora, he aquí, Él está junto a la puerta de su casa, ¿le dejó entrar para siempre? Si amas a Dios y mantienes su casa limpia, usted será bendito por los siglos, porque entonces usted puede decir con orgullo: "El reino de Dios está dentro de *mí*."

NUEVO ESPIRITU

Un nacido de Dios debe tener un nuevo espíritu, el Espíritu de Dios para sustituir el espíritu del hombre. Con este espíritu, uno puede fácilmente y sin pensar, amar y servir a Dios en la verdad y el espíritu. Sin este espíritu nuevo, es imposible obedecer a Dios de manera implícita. Es sólo este nuevo espíritu que nos permite amar a otros como Dios nos ama e incluso amar a nuestros enemigos y hacer todas estas cosas que son imposibles para la carne de hacer. Cuando el Espíritu de Dios mora en nosotros, nada será imposible. "Porque nada hay imposible para Dios." (Lucas 1:37). Este es el Espíritu de Dios, y quien no tiene este nuevo espíritu no es de él. (Ver Romanos 8:9). Sin un espíritu nuevo, uno no puede hacer las obras de Cristo y estar con Cristo en la tierra, por lo que, sin este nuevo espíritu, no podemos hacer nada. "Y les daré un corazón, y un espíritu nuevo pondré dentro de ellos." (Ezequiel 11:19). ¿Y por qué Dios nos dió este nuevo espíritu? "para que anden en mis ordenanzas, y guarden mis decretos y los cumplan, y me sean por pueblo, y yo sea a ellos por Dios." (Ezequiel 11, 20). Por lo tanto, sin este espíritu nuevo, ningún hombre puede entender los misterios de Dios. Este es el espíritu que nos impulsa a un ser divinamente humilde, sufrido y manso. El mismo espíritu te lleva a dar gracias a Dios de corazón por todo y cada cosa. El nuevo espiritu le da la actitud espiritual para tomar aflicciones y tribulaciones como una bendición y como una oportunidad para superar lo malo y glorificar el nombre del Señor. Si sólo podemos entender que todo lo que necesitamos hacer es buscar a Dios con una entrega total y con voluntad inflexible para obedecerle y Dios mismo nos dará el espíritu que permite hacer lo imposible, y nunca consideremos los mandamientos de Dios como algo pesado.

Un ejemplo típico de una prueba de este nuevo espíritu se pueden encontrar en el Evangelio de Lucas 9. Como el Señor viajó hacia Jerusalén, Él envió a dos de sus apóstoles, Juan y Santiago, a un pueblo Samaritano a prepararse para Él, pero la gente del pueblo le negó. Los dos hermanos (Juan y Santiago) estaban tan ofendidos por el desaire que reaccionaron con enojo y le preguntaron: "Viendo esto sus discípulos Jacobo y Juan, dijeron: Señor, ¿quieres que mandemos que descienda fuego del cielo, como hizo Elías, y los consuma?" (Lucas 9, 54). Y la reacción del Señor no se hizo esperar. Entonces volviéndose él, les reprendió, diciendo: "Vosotros no sabéis de qué espíritu sois." (Lucas 9:55). La mayoría de los cristianos de hoy todavía no entienden del nuevo espíritu que son, y como tales, carecen de este atributo tan importante de un nacido de Dios. Porque en verdad, ningún hombre es capaz de amar a sus enemigos a menos que sea verdaderamente nacido de este nuevo espíritu.

CAPÍTULO CINCO

SOMOS LO QUE HACEMOS, NO LO QUE DECIMOS

Es de necesidad espiritual para aquellos que han nacido de Dios tener las cuatro características/atributos consagrados en ellos, porque somos lo que hacemos decimos. Si bien es difícil para alguien hablar mal de sí mismo, lo que hace da testimonio correcto de quién es. Un ladrón es un ladrón porque roba. Si los que profesan haber nacido de Dios, caminan, hablan, y actuán como incrédulos, son infieles. Pues no es lo que decimos sino lo que hacemos que da testimonio de que somos hijos de Dios y verdaderos discípulos de Jesucristo. Cuando los Judíos de los días de Cristo le pidieron que les dijera claramente si Él era el Cristo. Jesús les respondió: "Os lo he dicho, y no creéis; las obras que yo hago en nombre de mi Padre, ellas dan testimonio de mí." (Juan 10:25). Así que hagamos lo que hagamos y cómo lo hacemos da testimonio de que somos de Dios o del diablo. Si hacemos las buenas obras de Dios, somos de Dios, y he aquí la gente percibirá (sin decir una palabra) las buenas obras y la conclusión de que somos de Dios. "Así alumbre vuestra luz delante de los hombres, para que vean vuestras buenas obras, y glorifiquen a vuestro Padre que está en los cielos." (Mateo 5:16). "Manteniendo buena vuestra manera de vivir entre los gentiles; para que en lo que murmuran de vosotros como de malhechores, glorifiquen a Dios en el día de la visitación, al considerar vuestras buenas obras." (1 Pedro 2, 12). Es cierto entonces que cualquier cosa que hagamos que no agrada a Dios glorifica al diablo, y el que glorifica al diablo es del diablo. (Ver 1 Juan 3:8).

En respuesta a los Judíos que se jactaba de Abraham como su padre, nuestro Señor les dijo: "Si fueseis hijos de Abraham, las obras de Abraham haríais." (Juan 8:39). Como dice la Escritura: "Así que, por sus frutos los conoceréis." (Mateo 7:20). En otras palabras, si yo observo lo que usted hace, yo puedo decir quién es usted. Porque lo que hacemos es más elocuente que lo que decimos, y nuestra acción traiciona nuestro motivo oculto.

Mientras yo estaba ministrando en África, me fue mostrada una mesa con dos hombres sentados a ella. Me dijeron que uno de los hombres profesaba haber nacido de nuevo y el otro era un hijo del diablo. Entonces me dieron instrucciones para identificar cuál de los dos era el hijo de Dios. Lamentablemente, no pude distinguir entre los dos. Mientras ellos estaban vestidos con uniformes diferentes por fuera, me mostraron que sus corazones estaban igualmente lleno de oscuridad. El hombre que profesaba haber nacido de nuevo era como una serpiente que ha mudado la piel vieja por una nueva, pero sigue siendo una serpiente venenosa en el corazón. Fue una experiencia aleccionadora y dolorosa para mí, y lloré. Dios ve el corazón, y no importa lo que profesan ser o pensar, sólo Dios conoce el corazón. Por tal hipocresía, el Señor les pronunció males a los Fariseos y a los escribas, comparándolos con una copa que esta limpia por fuera, pero lleno de tierra por dentro y tumbas recién pintadas que parecen hermosas por fuera pero dentro de están lleno de huesos muertos y de toda inmundicia. (Ver Mateo 23:25-27). Como lo hizo con los fariseos y los escribas del antiguo, como es hoy en día con la mayoría de los cristianos. Por lo tanto, esta es la advertencia del Señor: "Porque os digo que si vuestra justicia no fuere mayor que la de los escribas y fariseos, no entraréis en el reino de los cielos." (Mateo 5:20).

 Aquel que es nacido de Dios es nacido de Dios interiormente, y lo que es interiormente se manifiesta exteriormente por lo que hacemos, no sólo lo que decimos. (véase Romanos 2:29). Por lo tanto, como el Señor me instruyó para advertir a la congregación: "No intentes parecer bueno, sino sé bueno. No vivir lo que se enseñan o predica es pura y simple hipócrita y farisáico, al no tener moderación en juzgar y condenar a otros mientras nosotros cometemos abominaciones (véase Romanos 2:17-24).

Vemos, pues que para nosotros caminar juntamente con Dios, debemos andar en completo acuerdo, y no podemos hacerlo, salvo cuando nacemos de Él, y somos nacido de él, tomamos su imagen y convirtamos en dioses. Y puesto que Dios es luz, todo de, aproximadamente, y en él debe ser luz. Por lo tanto no debería haber ningún motivo de oscuridad en los que han nacido de Dios. (Ver 1 Juan 1:5-7). Esta es la única base sobre la que debemos esforzarnos por construir, y es la única meta imperecedera para aquellos que desean el reino de Dios. "pero si andamos en luz, como él está en luz, tenemos comunión unos con otros." (1 Juan 1:7). No es ni acerca de salir de una iglesia o doctrina denominacional para otra, ni es sobre la búsqueda de lugares para sentirse bien o ver milagros, más bien, se trata de convertirse en uno con Dios –inseparables- Se trata de una indescriptible unión en relación con Dios, una relación anclados en una hambre espiritual de Dios y la obediencia implícita a sus palabras y mandamientos. Puedo oír a algunas personas hacer la pregunta adecuada de como ser hacer esto ya que somos seres humanos y Dios es Dios. ¿Puede un hombre ser santo? La cuestión es realmente el punto. Y la respuesta es no. Nadie puede ser santo y estar de acuerdo con Dios, excepto cuando se nace de nuevo de Dios. Esta es la verdad de la Palabra de Dios, porque él mandó, que seamos santos y perfectos como Él es. El cristiano debe aceptar el pronunciamiento de Dios sin duda de que se trate. Y si hacemos alguna pregunta, debe ser cómo hacemos la voluntad de Dios, no, ¿por qué Dios require tal o cual de nosotros. Esto es vivir la escritura por fe, que dice que: "Mas el justo por la fe vivirá." (Romanos 1: 17). Porque está escrito: "Pero sin fe es imposible agradar a Dios; porque es necesario que el que se acerca a Dios crea que le hay, y que es galardonador de los que le buscan." (Hebreos 11:6). Tal vez eso explique el problema con muchos de nosotros los cristianos. No somos ni justos ni estamos seriamente dispuestos y esforzados a todo costo para ser justos y santos.

Por lo tanto, no podemos vivir por la fe. En lugar de abandonar el camino del pecado, en el momento en que oímos la verdad, preferimos recurrir a excusas. Como Dios me reveló que el noventa y nueve por ciento de las personas en todas las iglesias que son llamadas por su nombre, no le conocen. Sin ninguna contradicción que quizás el noventa y nueve por ciento de todos aquellos que profesan ser cristianos no entienden lo que realmente significa nacer de Dios, al igual que Nicodemo, el gran fariseo, que no podía comprender. Nicodemo puede ser dispensado, porque no estaba al tanto de las enseñanzas de Jesucristo antes del encuentro la noche con él. Pero ¿qué excusa tenemos que dar hoy? Como el Señor dijo: "Si yo no hubiera venido, ni les hubiera hablado, no tendrían pecado; pero ahora no tienen excusa por su pecado." (Juan 15:22). Y de nuevo, está escrito: "Porque la ira de Dios se revela desde el cielo contra toda impiedad e injusticia de los hombres que detienen con injusticia la verdad porque lo que de Dios se conoce les es manifiesto, pues Dios se lo manifesto. Porque las cosas invisibles de él, su eterno poder y deidad, se hacen claramente visibles desde la creación del mundo, siendo entendidas por medio de las cosas hechas, de modo que no tienen excusa." (Romanos 1:18-20). Dios envió a Su Hijo unigénito para venir y mostrar el único camino a Su reino; nosotros nunca esperaremos ninguna otra autoridad superior a Jesucristo. Como está escrito: "Dios, habiendo hablado muchas veces y de muchas maneras en otro tiempo a los padres por los profetas, en estos últimos días nos ha hablado del Hijo, a quien constituyó heredero de todo, y por quien asimismo hizo el universo." (Hebreos 1:1-2).

El pecado, no importa cómo lo vistamos, es pecado, es una depravación y una ofensa a Dios. Y, excepto cuando se está en el espíritu, caminar en el espíritu, él no puede comprender las cosas y los misterios espirituales de Dios, porque son espirituales. Uno puede leer la Biblia todos los días durante cien años y todavía no conocer o no entender las palabras en la misma, salvo cuando son reveladas a él por el mismo Espíritu Santo quien inspiró las Escrituras. Sabemos que con Dios, todas las cosas son posible para aquellos que creen y hacen su voluntad.

Los fundamentos espirituales que hemos discutido son absolutamente necesarios para entendernos a nosotros mismos en el Señor y los misterios de las dos llaves del reino de Dios, que se analizan en los capítulos siguientes. Es mi ferviente oración que el Espíritu de Dios que inspiró este mensaje de final de los tiempos y la escritura de este libro traiga a usted la comprensión de la hora en que estamos, que se transforme en su verdadera imagen, y le motive a hacer una eterna promesa de volver hoy (ahora) al amor de la verdad, que es el primer amor, en una reunión gloriosa con su Dios y Padre por Jesucristo, nuestro Señor y Salvador. A Él sea toda la gloria y el dominio por los siglos. Amén.

PRELUDIO PARA LAS DOS LLAVES

En uno de esos días benditos de mi confinamiento en la casa, de la cual hice alusión en la introducción de este libro, mientras ayunaba y oraba, me fue mostrada una ponderosa mano tan blanca como la nieve con dos pequeñas llaves. Una voz me dijo: ”… Estas son las únicas llaves para el reino de Dios. Desde el libro de Génesis hasta el Apocalipsis, no hay llaves de otra índole para el reino de Dios. Jesús es la única puerta al reino de Dios, y las dos únicas llaves de esa puerta son el *amor* y la *obediencia.*”

El Evangelio del Reino de Dios es acerca de la relación con Dios y los seres humanos. Dios se personifica en estas dos llaves más importantes. Sin la vida apropiada y la correcta comprensión espiritual de estas llaves tan importantes, no se puede entrar en el reposo de Dios. Son en estas dos llaves que el reino de Dios se basa, y son las llaves específicas por las cuales el Señor bajó del cielo para establecerse aquí en la tierra. Por esa razón y por consiguiente, todos aquellos que son verdaderamente de Jesucristo tienen el reino de Dios dentro de ellos por el conocimiento de la verdad, que es la perfección de estas dos llaves en ellos. Conocer estas dos llaves es conocer a Dios: la única manera de saber las dos llaves es vivirlas, la única manera de vivir a Dios es amándolo, y la única manera de amarlo es obedeciédole.

Estas dos llaves son la piedra angular de todos los mandamientos de Dios. Cuando se le preguntó cual era el mandamiento más grande, el Señor respondió que el primero y mas grande mandamiento es amar a Dios con todo lo que tenemos, y el segundo, que es como el primero, es amar a los demás como nos amamos a nosotros mismos. (Ver Mateo 22:37-39). Entonces, concluyó, de esta manera: "De estos dos mandamientos depende toda la ley y los profetas." (Mateo 22:40). El primero y el segundo mas grande de los mandamientos están entrelazados y son interdependientes, porque uno no puede existir sin el otro, porque el amor no puede ser efectuado sin la obediencia implícita. La falta de muchos de nosotros es el fundamento falso, la creencia y la práctica de separar el amor y la obediencia, por lo cual nosotros pensamos erróneamente, creyendo que podemos adorar a Dios desprovisto de obediencia implícita. La única forma de amar, rendirse, agradecer y honrar a Dios es obedeciéndole a Él. "Si me amáis, guardad mis mandamientos. El que me ama, mi palabra guardará; y mi Padre le amará, y vendremos a él, y haremos morada con él." (Juan 14:15, 23).

Un problema sorprendente es que la mayoría de nosotros consideramos que nuestro deseo de agradar a Dios es suficiente e independiente del amor por los demás. Esto equivale a una vida falsa, porque si no amamos a los demás como Dios nos ama, nosotros no somos de Él y no realmente el amor de Dios (porque Dios es amor perfecto). "Un mandamiento nuevo os doy: Que os améis unos a otros; como yo os he amado, que también os améis unos a otros." (Juan 13, 34-35). Con Cristo, el barómetro del amor se eleva a un nivel mucho más alto. Los que han nacido de Dios se les ordena a amar como Dios, porque son dioses. Deben ser perfeccionados en el amor como Dios es. (Ver Mateo 5:48). Es por eso que se nos manda amar a nuestros enemigos y bendecir a quienes nos maldicen. Sabemos que por nuestra cuenta, somos incapaces de amor perfecto, pero Dios, quien no puede mentir, ha dado a aquellos que han nacido de Él, el espíritu que permite hacer lo que humanamente es imposible. "Pero el que aborrece a su hermano está en tinieblas, y anda en tinieblas, y no sabe a dónde va, porque las tinieblas le han cegado los ojos" (1 Juan 2:11). La mayor dificultad o problema de ser un verdadero nacido de Dios gira en estas dos llaves. Cualquier cristiano que acepta y entiende espiritualmente y vive estas dos llaves (las llaves de la vida) verá a Dios al final. En el mismo modo, cualquier persona que no tiene estas llaves, o cualquiera de ellas o no las mantiene en completa concordancia con la voluntad de Dios esta trabajando en vano. (Ver Mateo 7:21-23). Por esto usted emplea en el nombre del Señor para dar toda la atención detallada de hoy a estas dos llaves, con el fin de vivir a la perfección, y ruego al Señor que le conceda el entendimiento divino de los misterios de estas dos llaves a medida que procedemos ahora a hablar de ellas.

AMOR: LA PRIMERA LLAVE PARA EL REINO DE DIOS

CAPÍTULO SEIS

EL HAMBRE ESPIRITUAL POR DIOS

Una horrible equivocación y falsa creencia entre nosotros es que amamos a Dios lo suficiente para ir a la iglesia regularmente y hacemos lo poco que hacemos. Esto siempre es una escollo, que da a la mayoría de los cristianos una falsa sensación de zona de comodidad y seguridad. Sin embargo, existe un nivel de intensidad del amor de Dios que se espera de nosotros en nuestra relación con Él como Sus hijos, la intensidad del amor que impulsa a un verdadero hijo de Dios, *locos* por Dios y las cosas de Dios. Nadie puede alcanzar este nivel, sino por la presencia del Espíritu de Dios. Esta es una relación de amor por Dios, donde todo lo demas viene en segundo lugar a Él, y nada viene delante de él en los asuntos de la vida. Es una hambre espiritual por Dios que sobrepasa todo entendimiento. Es una hambre inmensa que consigue la atención de Dios que Él no puede dejar de percebir.

Desafortunadamente, la mayoría de los cristianos no tienen, ni comprenden esta hambre espiritual, sino que asumen erróneamente que tienen suficiente amor a Dios, hasta que se enfrentan a una prueba o adversidad.

ABANDONAR TODO POR AMOR A DIOS

Una de las mayores pruebas de nuestro amor a Dios es la voluntad de renunciar a todo (incluyendo lo que consideramos lo más importante para nosotros) por el reino. ¿Hasta qué punto estamos dispuestos a llegar? Decimos que amamos a Dios con todo nuestro corazón, pero esperemos hasta que seamos probados o afligidos. Bienaventurado el que no ofende a Dios en el punto de ruptura de la prueba o aflicción. Este punto se ejemplifica claramente en el Evangelio de Mateo 19, en la historia del joven gobernante rico. Según la historia, un tal joven rico vino a Jesús y le preguntó qué bien podría hacer para entrar en el reino de Dios. (Ver Mateo 19:16).

Jesús le dijo que guardara los mandamientos de Dios, si él deseaba la vida eterna (Mateo 19:17). Y el joven rico quería saber que mandamientos debía cumplir. Y el Señor contestó, citando algunos de los mandamientos, dejando el mandamiento más importante, el amor. (versículos 18, 19). Ahora, escucha al joven rico: "El joven le dijo: Todo esto lo he guardado desde mi juventud. ¿Qué más me falta? (Mateo 19:20). Eso suena como la mayoría de nosotros, asumimos que estamos completos en nuestro amor a Dios por encima de todo, sin embargo, durante la prueba, nos caemos de plano en nuestras caras y cortos del mandamiento más importante: "Y amarás a Jehová tu Dios de todo tu corazón, y de toda tu alma, y con todas tus fuerzas." (Deuteronomio 6:5). En respuesta a su pregunta jactanciosa, el Señor le tiró una prueba del amor a

Dios. "Si quieres ser perfecto, anda, vende lo que tienes, y dalo a los pobres, y tendrás tesoro en el cielo; y ven y sígueme." (Mateo 19:21). Por supuesto, sabemos la reacción del rico joven, la indignación y la falta de disposición de desprenderse de su poder terrenal por el amor de Dios (versículo 22). Hay dos lecciones espirituales en relación con este encuentro bíblico: (a) El joven rico no sólo era imperfecto con las cosas de Dios, sino que también carecía del más grande/mandamiento, y como tal, le faltaba todo. En esa historia, el joven rico no estaba dispuesto a dejar todo por amor a Dios. Y como él no estaba dispuesto a renunciar a todas las cosas de este mundo para seguir a Jesús, él no podía realmente decir que él amaba a Dios con todo su corazón, alma y fuerza por encima de todo, porque él prefería el regalo mas que al Dador. Como está escrito: "Si alguno quiere venir en pos de mí, niéguese a sí mismo, tome su cruz cada día y sigame. Porque todo el que quiera salvar su vida, la perderá; y todo el que pierda su vida por causa de mi, éste la salvará. Pues que ¿aprovecha al hombre, si gana todo el mundo, y se destruye o se pierde a sí mismo." (Lucas 9:23-25). (b) Una vez más, el joven rico le faltaba el segundo mas grande mandamiento, el amor por otros, como Dios los amaba. El no estaba libremente dispuesto a despenderse de sus posesiones terrenales por el amor por los demás, él demostró que él no amaba a los demás como a sí mismo o como Dios lo amaba, por lo que él consideraba su poder mundano más importante y valioso que el amor a Dios y a otros. Esto es así porque dar a los pobres es dar a Dios, el joven rico carecía de verdadero amor a Dios. Por eso, él (el hombre joven y rico) lamentablemente no pasó la prueba del amor de Dios.

Por supuesto, no debemos apresurarnos a juzgar al joven rico, estando conscientes del al dilema que se enfrentó. Pero esta historia nos ha demostrado lo frágil que la mayoría de nosotros somos cuando nos enfrentamos a una dura prueba o aflicción de nuestro amor a Dios. Es por eso que el Señor nos ha dejado, sin duda, de todo, la importante naturaleza ésta hambre espiritual por Dios. "Si alguno viene a mí, y no aborrece a su padre, y madre, y mujer, e hijos, y hermanos, y hermanas, y aún también su propia vida, no puede ser mi discípulo." (Lucas 14:26).

Para aclarar más este punto, el Señor dijo de nuevo: "Así, pues, cualquiera de vosotros que no renuncia a todo lo que posee, no puede ser mi discípulo." (Lucas 14:33). Los dos versos de la escritura citados arriba son ampliamente malentendidos, exagerados y mal tratados como instrumentos de manipulación en manos de gente sin escrúpulos. Sabemos que el Señor nunca nos pidió odiar, cortar todas nuestras relaciones o dejar todas las cosas. Más bien, Él estaba conduciédonos a un punto muy importante, es decir, si una persona, cosa o circunstancia tiene prioridad sobre Dios en nuestras vidas, no le amamos, y por tanto, no somos dignos del reino de Dios.

Si hay algo que no estamos real y fácilmente dispuestos a ceder por el bien del amor que tenemos por Dios, entonces realmente no le amamos. Es una relación de todo o nada, porque nuestro Dios es un Dios celoso que no comparte su gloria con ningún hombre o cosa. Los primeros apóstoles del Señor verdaderamente demostraron esta hambre espiritual por Dios, y al hacerlo, nos dejaron ejemplos a seguir. En el Evangelio de Mateo 4, leemos que cuando Jesús pidió a Pedro y a su hermano, Andrés, para seguirle, dejáron todo, y le siguieron. (Ver Mateo 4:18-20). Y eso fue lo mismo con el apóstol Juan y su hermano, Jacobo dejaron todo, incluyendo a su padre, le siguieron. "Y ellos, dejando al instante la barca y a su padre, le siguieron." (Mateo 4:22). El apóstol Mateo hizo lo mismo cuando le pidió el Señor a seguirle.

BUSCANDO A DIOS CON TODO NUESTRO CORAZÓN

Desde el principio, Dios había revelado a nosotros la naturaleza del hambre espiritual que produce resultado correcto: "y me buscaréis y me hallaréis, porque me buscaréis de todo vuestro corazón." (Jeremías 29:13). Así es nuestro Dios misericordioso que Él nunca nos deja sin ejemplos a seguir. A modo de demostración, utilizó su amigo Abraham cuando le pidió que ofreciera a su único hijo (heredero) como un sacrificio para él. Debido a que Abraham estaba dispuesto a sacrificar a su único hijo, mostró hambre espiritual, apasionado por Dios y no valoró lo que Dios le dió más que a Dios; por eso Dios lo bendijo más que a todos los demás seres humanos. Y Él dijo: "No extiendas tu mano sobre el muchacho, ni le hagas nada; porque ya conozco que temes a Dios, por cuanto no me rehusaste tu hijo, tu único." (Génesis 22:12). Abraham demostró su amor absoluto y hambre por Dios, y Dios nos manda a hacer lo mismo.

De nuevo, como una demostración de su amor absoluto por nosotros, Dios sacrificó todo por aquellos que lo son todo para él. "Porque de tal manera amó Dios al mundo, que ha dado a su Hijo unigénito, para que todo aquel que en él cree, no se pierda, mas tenga vida eterna." (Juan 3:16). La pregunta entonces es, ¿Cuánto vale Dios para usted? Si Dios es todo lo que vale para usted, usted debe dar todo para buscar a Él y Su justicia. Esta es la única y más necesaria cosa, porque es imperecedera, porque en verdad tendremos que dejar y renunciar a todo y ser abandonados por todos. Muy pronto va a llegar el día cuando ninguno de nosotros recordaremos a nuestros negocios, empleo, riqueza, hijos, padres, etc, porque está escrito que estamos determinados a morir y luego ser sometido a juicio ante el Señor de los Señores. Es cierto entonces que todo el mundo sin duda tiene que arrepentirse de una manera u otra. Osea, es el arrepentimiento a la vida ahora, o lamentación en el infierno mas tarde. Lo mas doloroso es que en la mayoría de los casos, nos rebelamos, resistimos y ofendemos a Dios con lo que Él gentilmente nos ha dado, de modo que valoramos el regalo más que al Dador.

EL PRIMERO Y EL ÚLTIMO

Permítanme compartir con ustedes algunos misterios que rodean el hambre espiritual por Dios. Durante uno de los programas de avivamiento de la iglesia, el Señor me dijo que dijese a la congregación para ser el primero y el último. Usted puede imaginar la reacción inicial de la congregación. Hubo murmullos y desacuerdo. ¿Cómo pudo Dios pedirnos que seamos el primero y el último? Después de todo, la escritura advirtió: "Pero muchos primeros serán postreros, y postreros, primeros." (Mateo 19:30). Y eso no es una bendición, sino una maldición. Sin embargo, Dios quiso abrir los ojos espirituales de sus hijos para que pudieran entender los misterios y el carácter duradero de la carrera hacia Su reino.

El verdaderamente nacido de Dios debe ser el primero y el último en su relación con Dios. Ellos deben buscar a Dios tan pronto como puedan como a la más preciada y valorada joya (posesión), y cuando lo encuentren, deben soportar con Él como si son los únicos que quedan al final. Lo que es más deseado y valorado debe ser buscado muy temprano, y si lo recibe, debe aferrarse a ella celosamente hasta el final. Una cosa es encontrar un tesoro y otra cosa mantenerlo y conservarlo hasta el final.

Para mostrar el misterio de esta revelación, el Señor me dijo que preguntara a la congregación lo que sabían y pensaban acerca de María Magdalena. La respuesta de esa congregación, y otras iglesias a las que el Señor me ha enviado fue unánime. En realidad hubo dos cosas con las que la congregación relacionó a María Magdalena: "pecadora adúltera" y "la dama a la que nuestro Señor le expulsó siete demonios. "Permítanme decir, que no hay apoyo bíblico para la primera. ¿Pero es ésta la única razón por la qué es ella destacada y muy recordada en la Biblia?

¿Fue ella la única pecadora a la que le fueron expuldados demonios? El Señor me dijo que además de la madre del Señor, no hay otra mujer que ha sido honrada y bendecida como María Magdalena. Ella fue la primera persona a la que el Señor se le apareció y le habló después de Su resurrección de entre los muertos. María Magdalena no era un apóstol, ni uno de los peces gordos de este mundo, sin embargo, en un incidente en particular, fue más que todos porque fue la primera y la última en la demostración de hambre espiritual (el amor) por el Señor.

Las Escrituras nos dicen que mientras Cristo fue sepultado, María Magdalena fue al sepulcro, a preparar el cuerpo para la sepultura. Al acercarse el día de reposo, ella se apresuró a casa a esperar el final del sábado. Tan pronto como el sábado había terminado, incluso antes de los albores del día, esta pobre mujer fue la primera en ir a la tumba para ver sobre el cuerpo del Señor. "El primer día de la semana, María Magdalena fue de mañana, siendo aún oscuro, al sepulcro; y vió quitada la piedra del sepulcro." (Juan 20:1). Apostaría que ella no durmió toda la noche en anticipación del final del sábado. Al llegar a la tumba y la encontró vacía, corrió, y reportó su descubrimiento a la apóstoles. Entonces, los apóstoles Pedro (la Roca) y Juan (el Amado) corrieron con ella a la tumba y encontraron la tumba vacía.

Estos pilares de la iglesia se fueron a su casa, pero María Magdalena se negó a darse por vencida. "Y volvieron los discípulos a los suyos. Pero María estaba fuera junto al sepulcro llorando." (Juan 20:10-11). Esta pobre mujer se negó a salir de la tumba sin el cuerpo del Señor, y ella lloró amargamente y exijía a todos los que pasaban en su camino. El Señor no pudo dejar de revelarsele a María, una mujer que amó y buscó tanto por él, siendo la primera y la última, y no fue disuadida o desalentada por las reacciones de los demás. Por esa razón, María Magdalena es para siempre recordada como el primer ser humano que tuvo el honor de ver en exclusiva al Señor después de Su resurrección. Una vez más, el Señor me dijo: "La congregación no debe rumorar, porque yo soy el primero y el último, y todos los que nacen de Mí deben ser el primero y el último. "Así dice Jehová Rey de Israel, y su Redentor, Jehová de los ejércitos: Yo soy el primero, y yo soy el postrero, y fuera de mí no hay Dios." (Isaías 44:6). Escúchame, oh Jacob, e Israel, mi llamado: Yo soy El, Yo soy el primero, yo también soy el ultimo." (Isaías 48:12). "Yo soy el Alfa y la Omega, el Principio y el Fin, el Primero y el Último." (Apocalipsis 22:13).

Por tanto, debemos buscar a Dios cuando lo podemos encontrar con todo lo que tenemos dentro y fuera de nosotros, y el tiempo es ahora. Tenemos que ser inamovible hasta el final, incluso a pesar de la oposición, la traición, y tribulaciones, o la muerte. No permitas que el amor de la verdad te abandone y no dudes en abandonar aquellas cosas que son temporales y perecederas, porque el único tesoro necesario y permanente esta en el cielo. "Además, el reino de los cielos es semejante a un tesoro escondido en un campo, el cual un hombre halla, y lo esconde de nuevo; y gozoso por ello va y vende todo lo que tiene, y compra aquel campo." (Mateo 13:44).

RECIPROCIDAD

Dios retribuye a todos los niveles de hambre espiritual que tenemos por él. En otras palabras, al igual que cualquier otra cosa, nosotros obtenemos lo que ponemos en nuestro hambre/amor por Dios. Desde luego, en realidad, no podemos esperar cinco pedazos de papas para la cena, cuando en realidad solo hemos cocinamos cuatro pedazos.

Dios responde a nosotros de acuerdo a la intensidad de nuestra hambre espiritual para él. Cuando Dios ve el corazón que le busca por encima de todo y esta dispuesto a jamás abandonarle, Él se manifiesta grandemente en ese corazón.

En la vida ordinaria, nos proponemos a ser atraído por la gente que realmente nos aman, confiamos en ellos como amigos, no podemos normalmente pasar por su vecindad sin parar a verlos, y libremente les consultamos y confiamos.

Desde el principio siempre hemos tenido esta relación recíproca con Dios. En Génesis 18, leemos que, mientras Dios estaba en camino para destruir a Sodoma y Gomorra, Él se volvió a la casa de su (Abraham) amigo. Fue una amistad tan grande que

Dios confio a Abraham lo que Él estaba a punto de hacer. Y el Señor dijo: "Y Jehová dijo: ¿Encubriré yo a Abraham lo que voy a hacer." (Génesis 18:17). ¡Qué envidíable relación entre Dios y el hombre; y todo porque Abraham amaba a Dios sobre todas las cosas. ¿Vas a ser otro Abraham? Al igual que Abraham y el encuentro con el Cristo resucitado con María Magdalena, otro ejemplo notable se encuentra en la historia de Zaqueo, en el Evangelio de Lucas 19. Zaqueo era el pequeño hombre rico, que estaba tan deseoso/hambriento de ver a Jesús que él tuvo que correr adelante y subir a un árbol. Reciprocativamente, la reacción del Señor era evidente. Cuando Jesús llegó a aquel lugar, mirando hacia arriba, le vió, y le dijo: "Zaqueo, date prisa, desciende, porque hoy es necesario que pose yo en tu casa." (Lucas 19:5). Es interesante notar que aunque Jesús estaba sólo de paso por Jericó, él no podía ignorar a esta persona que estaba tan sediento de él. Tuvo que desviarse a la casa de Zaqueo.

Otro misterio de la reciprocidad de Dios por el hambre espiritual por Él se encuentra en el Evangelio de Juan 11. Un día, mientras yo estaba ministrando en África, el Señor me preguntó si sabía por qué Jesús lloró por primera vez. Y mi respuesta segura fue en que Jesús lloró por Lázaro, al que Él amaba, que estaba muerto. Esta es la misma respuesta que obtengo cada vez que hago esta misma pregunta a las congregaciones. El Señor me dijo que era la respuesta equivocada. ¿Cómo pudo Jesús llora por la muerte de Lázaro, cuando que la muerte fue diseñada por Dios para glorificar al Padre y al Hijo? Además, el Señor dijo que iría a Betania para resucitar a Lázaro de la muerte. Por lo tanto, no era la razón por la cual Él lloró por Lázaro, sino que había toda causa para regocijo. Cuando Jesús se enteró de la condición de Lázaro, dijo: "Esta enfermedad no es para muerte, sino para la gloria de Dios, para que el Hijo de Dios sea glorificado por ella." (Juan 11:4). Una vez más, dijo a sus discípulos: "Nuestro amigo Lázaro duerme; mas voy para despertarle." (Juan 11:11). Pero cuando María (hermana de Lázaro, la misma María que, sentada a los pies de Jesús escuchaba la palabra; y la misma María que ungió al Señor con ungüento y le enjugó los pies con sus cabellos) cayó a los pies de Jesús llorando, Jesús, al ver la que le amaba a Él tanto en agonía, fue conmovido y estremecidó en espíritu y lloró. Por lo tanto, cuando Jesús la vió llorando. "Se estremeció en espíritu y se conmovió." (Juan 11:33) (Ver también Juan 11:32, 34-35). Cabe señalar que Marta (la hermana de María) ya lo había visto y lloró ante el Señor, pero sus lágrimas no conmovieron al Señor que gemia en el espíritu. (Juan 11:20-26).

Lo mismo sucede cuando compartimos el dolor de un hijo querido o un amigo. Pero con un extraño, puede que no sea así. Además, el nivel de nuestra hambre espiritual/amor a Dios determina cuánto hemos sido perdónados. "Por lo cual te digo que sus muchos pecados le son perdónados, porque amó mucho; mas aquel a quien se le perdona poco, poco ama." (Lucas 7:47). Por lo tanto, se trata de un mandamiento nuevo: ser el primero y el último en su relación con Dios.

CAPÍTULO SIETE

AMOR POR OTROS

Querramos admitirlo o no, el área más problemática para más del noventa y nueve por ciento de los que profesan ser cristianos es amar a los demás como a nosotros mismos, e incluso es imposible comprender el concepto de amar a nuestros enemigos. Para un nacido de Dios, la barra se levanta un poco más alto con un nuevo mandamiento de amar a otros como Dios nos ha amado. Es decir, si es posible, debemos amar a los demás más que a nosotros mismos. Este es el mandamiento nuevo que el Señor nos ha dado. (Ver Juan 13:34). ¿Cómo nos ama Jesucristo? "Nadie tiene mayor amor que este, que uno ponga su vida por sus amigos." (Juan 15:13). Es cuando estamos perfeccionados en el amor que se puede decir que se es realmente nacido de Dios y discípulos de Jesucristo. "En esto conocerán todos que sois mis discípulos, si tuviereis amor los unos con los otros." (Juan 13:35). Si bien nos manda a amar a nuestros enemigos, el Señor dice que lo que nos diferencia de los hijos del diablo es ser perfectos (en el amor) como nuestro Padre celestial és. "Pero yo os digo: Amad a vuestros enemigos, bendecid a los que os maldicen, haced bien a los que os aborrecen, y orad por los que os ultrajan y os persiguen; para que seáis hijos de vuestro Padre que está en los cielos, que hace salir su sol sobre malos y buenos, y que hace llover sobre justos e injustos." (Mateo 5:44-45). ¿Y por qué debemos ser como nuestro Padre celestial? Porque sin duda debe haber una diferencia notable entre los hijos de Dios y los del diablo. Los hijos de Dios, que camina de acuerdo con Dios con los necesarios atributos divinos, y no podemos decir que somos uno con Él, cuando nuestras obras son diferentes, y contra él.

"Porque si amáis a los que os aman, ¿qué recompensa tendréis? ¿No hacen también lo mismo los publicanos? Y si saludáis a vuestros hermanos solamente, ¿qué hacéis de más? ¿No hacen también así los gentiles?" (Mateo 5:46-47).

Por lo tanto, la única manera que podemos caminar con Dios como Sus hijos es estar en perfecto acuerdo con Él. "Sed, pues, vosotros perfectos, como vuestro Padre que está en los cielos es perfecto." (Mateo 5:48).

Lamentablemente, la mayoría de nosotros, por nuestras acciones, caminamos contrario al mandamiento y la doctrina de nuestro Señor Jesucristo. Algunos ya sea siendo una práctica de "ojo por ojo" o solo palabra de amor de la boca para fuera, teniendo su corazón endurecido y oscurecido, mientras acondicionan su amor sobre alguna ganancia mundana, sin la conciencia divina, pasan del extremo del amor al odio de un momento a otro, sin embargo, parecen vivir en las iglesias. Algunos sólo aman a su propia especie, o sus miembros, mientras que otros ocultan su odio con sonrisas. Y, sin embargo, de una manera abominable, la mayoría de los cristianos, entre ellos ministros del Evangelio, especialmente en los países en desarrollo, alentando y predicando el "ojo por ojo" para su propio beneficio egoísta, la enseñanza y la defensa de esta doctrina ferozmente anti-Cristo.

En un intento de corregir los males antes mencionados entre los Cristianos y lograr que los hijos de Dios vuelvan al amor de verdad, al verdadero Evangelio y a la doctrina de nuestro Señor Jesucristo, éste capítulo puede tener una vida propia en cuanto a su esencial duración. Debido a que muchos de nosotros todos los días traemos maldiciones sobre nosotros mismos recurriendo a hacer las obras de la ley las cuales nuestro Señor murió y resucitó para librarnos de tal esclavitud. "Amad a vuestros enemigos" más fácil decirlo que hacerlo. En lugar de creer en serio este mandamiento y pidiendo a Dios por su Espíritu que nos ayude a la perfección en el amor, tomamos el camino más fácil mediante el empleo de todas las excusas, la táctica, y la interpretación de racionalizar nuestra desobediencia rebelde. Creo que entre los cristianos, se puede encontrar, a lo más, un uno por ciento que creen y práctican este mandamiento, igual que no puede haber más, del uno por ciento de los cristianos que son verdaderamente nacidos de Dios y ya están listos (en este instante) para la venida del Señor. Algunos sostienen firmemente que ningún ser humano puede amar como Dios ama. Mientras esta posición tiene un enorme peso; es bíblicamente incorrecto. Tal vez la major afirmación es que ninguna ser humano es capaz de ser perfeccionado en el amor como Dios es.

De hecho, no hay ningún ser humano que es capaz de amar de verdad a sus enemigos, a menos que sea nacido de Dios y guiados por Su Espíritu. Dios, quien conoce todas las cosas, no puede mentir, pues Él nos manda a ser santos y perfectos como Él es, sabiendo muy bien que sin su permiso y Espíritu transformador, no podemos hacer nada. Todas las cosas son posibles para aquellos que creen. Estos son los hijos de Dios a quienes da a entender los misterios de su reino. Son esos transformados a su imagen, y creados después de la justicia y santidad de Dios. Ellos son dioses, y como dioses que se les ordena que sea perfectos en el amor como Dios. (Ver Mateo 5:48). Estas personas son los elegidos por Dios y quienes han recibido el poder de hacerse hijos de Dios y comprender los misterios de su Reino. Esos que son llamados por Dios y los verdaderos discípulos del Señor, Él respondió y les dijo: "Porque a vosotros os es dado saber los misterios del reino de los cielos; mas a ellos no les es dado." (Mateo13:11).

Una vez más, cuando los discípulos del Señor expresaron su asombro ante lo que dijo en relación con los ricos, les dijo, "Para los hombres esto es imposible; mas para Dios todo es posible." (Mateo 19:26). Si estamos sinceramente dispuestos a renunciar a nuestros malos caminos y obedecer a Dios con un corazón humilde, Él ha prometido darnos un nuevo espíritu para hacer lo que es imposible para la carne y la sangre hacer. Como ya se dijo, aquel que es nacido de la carne es carne, y el que nace del espíritu es espíritu. (Ver Juan 3:6). Y como está escrito, "Entonces respondió y me habló diciendo: Esta es palabra de Jehová a Zorobabel, que dice: No con ejército, ni con fuerza, sino con mi Espíritu, ha dicho Jehová de los ejércitos. ¿Quién eres tú, oh gran monte? Delante de Zorobabel serás reducido a llanura; él sacará la primera piedra con aclamaciones de: Gracia, gracia a ella." (Zacarías. 4:6-7). Para aquellos que son dados por Dios y guiados por Su Espíritu, están bajo un nuevo mandamiento de ser lo más perfecto en el amor como Dios. No es ni hacer a los demás como lo hacen a nosotros ni amar a nuestro prójimo como nos amamos a nosotros mismos. (Ver Mateo 7:12; Levítico 19:18). Más bien, al amar a otros como Dios nos ama, la gente rápidamente sabrá que somos fieles discípulos de Jesucristo, porque Cristo nos ha amado más que a él mismo, y por eso, Él se entregó por nosotros. Un estudio cuidadoso en la Primera Epístola del apóstol Pablo a los Corintios, en el Capítulo 13 (1 Corintios 13) da una imagen vívida de la clase de amor por los demás, que se espera de aquellos que son verdaderos hijos de Dios, la clase de amor que es perfecto a Dios. "El amor es sufrido, es benigno; no tiene envidia, no se alarde, no es ampuloso, no hace nada indebido, no busca lo suyo, no se irrita, no guarda rencor; no se goza de la injusticia, mas se goza de la verdad. Todo lo sufre, todo lo cree, todo lo espera, todo lo soporta." (1 Corintios 13:4-7).

A diferencia de los dones espirituales, el amor perfecto es un fruto del Espíritu que nunca falla. (Ver 1 Corintios 13:8). Debemos desear, a toda costo, los frutos imperecederos del Espíritu más que los regalos que desaparecen con el tiempo. Además del Señor ejemplos de amor perfecto abundan en la Santa Biblia de los cuales se incluyen, pero no se limitan a, el amor de Abraham por Lot, el amor de José por sus hermanos, el amor de Moisés por Israel, y el amor de Rut por Naomi. Sin embargo, una sorprendente demostración de amor perfecto fue demostrado por Jonatán, el hijo del rey Saúl. Era obvio que Jonatán amó a David más que él mismo. De tal modo, él amó a David, incluso por su propio perjuicio, ya que era consciente de que era por todo el tiempo que David viviera, él, (Jonatán, el legítimo heredero al trono) no sucedería a su padre. Sin embargo, él juró amor perfecto a David con su vida. (Ver 1 Samuel 20:12-42). Como está escrito, por lo que Jonatán hizo un pacto con la casa de David, diciendo: "Requiéralo Jehová de la mano de los enemigos de David." (1 Samuel 20:16). Jonatán amaba a David como amaba a su propia alma. (Ver 1 Samuel 20:17). Nosotros somos de Cristo si obedecemos todo lo que Él nos ha mandado. ¿Y qué nos ordenó nuestro Señor a hacer? El amor a nuestros enemigos y a no vengarnos nosotros mismos. Uno que no es perfecto en el amor no tiene un corazón puro y no es nacido de Dios, porque Dios es amor. (Ver 1 Juan 4:16, 18). También está escrito que quien dice ser de Dios y odia a otro se encuentra aún en la oscuridad: "El que dice que está en la luz, y aborrece a su hermano, está todavía en tinieblas. El que ama a su hermano, permanece en la luz, y en él no hay tropiezo." (1 Juan 2:9-10).

NO VENGAR

Oh! ¡Cuánto más fácil decirlo que hacerlo? Esta es una de las cosas más difíciles de lograr que los seres humanos acepten, y mucho menos conseguir que hagan. Por lo tanto, e incluso la mayoría de nosotros usamos todas las excusas, truco, y la justificación en el libro para obtener "una dulce venganza." Venganza, incluyendo oraciones peligrosas y mal contra los enemigos (reales o percibidas), es la satisfacción del deseo diabólico de los soberbios, corazón malvado e incircunciso del hombre. Para aquellos que han nacido de Dios, no sólo debe dejar la venganza a Dios, pero también están en la obligación espiritual a invocar a Dios para perdonar y salvar al malhechor. Son capaces de hacer esto porque son guiados por el Espíritu de Dios, que mora en ellos; habiendo adquirido un nuevo corazón, mente, cuerpo y espíritu y por lo tanto capaz de obedecer todos los mandamientos de Dios, uno de los cuales dice claramente: "No te vengarás, ni guardarás rencor a los hijos de tu pueblo, sino amarás a tu prójimo como a ti mismo. Yo Jehová." (Levíticos 19:18). "Mía es la venganza y la retribución; a su tiempo su pie resbalará, Porque el día de su aflicción está cercano, Y lo que les está preparado se apresura." (Deuteronomio 32:35).

El que se venga (represalias) ha tomado el asunto en sus propias manos, y el que toma la justicia por sus propias manos no es nacido de Dios. Pues aunque vivimos, no vivimos nosotros, sino que Cristo vive en nosotros, y si Cristo vive en nosotros, entonces nosotros somos de Cristo y por lo tanto debemos hacer las obras de Cristo y caminar como él anduvo. (Ver Juan 14:12; 1 Juan 2: 6). Mientras el Señor estaba en la tierra, enseñó y vivió las palabras exactas y los mandamientos del Padre quien lo envió. Cuando sufrió, no se vengó, fue abandonado, Él amó; insultado, no insultó; fue maldecido, el bendijo; fue crucificado, Él perdónó. Con todo, hoy y para siempre, Él es el Rey de reyes y Señor de señores. Para reclamar o profesar ser de Cristo y, sin embargo actuar al contrario de sus mandamientos es una herejía. Pero la mayoría de los cristianos, especialmente en las naciones en desarrollo, más bien predican, fomentan, citan, y la practican las obras de la Escrituras del Antiguo Testamento de "ojo por ojo" y de la sentencia y la condenacion para toda lengua que se levanta contra ellos. Aún, no pueden alegar que no han oído al Señor, que ha bajado del cielo para mostrar el camino. "Oísteis que fue dicho: Ojo por ojo, y diente por diente. Pero yo os digo: No resistáis al que es malo;

antes, a cualquiera que te hiera en la mejilla derecha, vuélvele también la otra." (Mateo 5:38-39).

Una vez más, "Oísteis que fue dicho: 'Amarás a tu prójimo, y aborrecerás a tu enemigo'. Pero yo os digo: Amad a vuestros enemigos, bendecid a los que os maldicen, haced bien a los que os aborrecen, y orad por los que os ultrajan y os persiguen." (Mateo 5:43-44). Estos cristianos que practican y enseñan las viejas obras de la ley olvidan que las escrituras están en armonía y carente de contradicciones. No es posible que el omnipotente y el Dios que todo lo sabe se contradiga. No es posible que Dios nos mande tanto a vengarnos y a no vengarnos. Lo malo, no importa cómo lo vistamos y justificamos, es una abominación a Dios. Las escrituras del Nuevo Testamento están llenas de amor y de devolver bien por mal. Jesucristo es el único camino al Padre, y Él fue enviado por el Padre a muestrarnos el única forma de justicia y santidad. El apóstol Pablo, en adhesión a la doctrina estricta de Jesucristo, advirtió, así: "Bendecid a los que os persiguen; bendecid, y no maldigáis." (Romanos 12:14). "No os venguéis vosotros mismos, amados míos, sino dejad lugar a la ira de Dios; porque escrito está: Mía es la venganza, yo pagaré, dice el Señor." (Romanos 12:19).Y de nuevo, "No seas vencido de lo malo, sino vence con el bien el mal." (Romanos 12:21).

Las anteriores son las formas prescritas por Dios para sus hijos. Dios y el diablo nada tienen en común. Dios tiene su propio método para la vida Cristiana victoriosa. El arma mas ponderosa de Dios es el perfecto amor, que supera todos los males.

Por lo tanto, orar a Dios en contra de los enemigos, como la mayoría de los cristianos ora, es peligroso y malo. Los que toman venganza o participan en malas y peligrosas y desean maldiciones contra sus enemigos están todavía haciendo las obras de la ley y bajo una maldición, a tales, la venida, la muerte y resurrección de nuestro Señor son en vano para ellos. "Porque todos los que dependen de las obras de la ley están bajo maldición, pues escrito está: Maldito todo aquel que no permaneciere en todas las cosas escritas en el libro de la ley, para hacerlas." (Gálatas 3:10). ¿Y por qué están bajo maldición? Porque "Cristo nos redimió de la maldición de la ley, hecho por nosotros maldición (porque está escrito: "Maldito todo el que es colgado en un madero)." (Gálatas 3:13). Como está escrito también: "porque el fin de la ley es Cristo, para justicia a todo aquel que cree." (Romanos 10:4). Porque si nos vengamos, hacemos mal, y no hay nada malo que sea bueno o justificado. Mal, más mal es el doble mal, que trae la muerte. Es una ecuación simple: $e + e = 2e = d$. "La cordura del hombre detiene su furor, y su honra es pasar por alto la ofensa." (Proverbios 11:19).

Una vez más, está escrito: "tribulación y angustia sobre todo ser humano que hace lo malo, el judío primeramente y también el griego." (Romano 2:9). Es el deber de los hijos de Dios que Le temamos, y una forma significativa de mostrar este miedo es aborrecer el mal. "El temor de Jehová es aborrecer el mal; la soberbia y la arrogancia, el mal camino, y la boca perversa, aborrezco." (Proverbios 8:13) El odio de cualquier tipo de mal es amplificado sin rodeos en la Biblia, así: "Dios es juez justo, y Dios esta aireado contra el impío todos los días." (Salmo 7:11). Pero, lamentablemente, una infame y diabólica creencia es orgullosamente citada y practicada en algunos países en desarrollo: "Usted me hace mal y yo te hago mal, Dios no va a contrariar." (Si me hace mal y yo vengo con el mal, Dios no se ofende).

Una mala y común oración popular en casi todas las iglesias en estos lugares está pidiendo al Espíritu Santo para enviar su fuego contra sus enemigos. Esto se conoce comúnmente como "Fuego del Espíritu Santo" ¡Qué abominable herejía y fenómeno de incompatibilidad de invocar al Espíritu Santo de Dios para ir a hacer el mal? Mientras que el fuego del Espíritu de Dios es una bendición, el diablo ha entrado en gran medida a muchas iglesias para convertir lo que es santo en un medio para blasfemar contra el Espíritu de Dios. Cuando se le preguntó acerca de su autoridad para bautizar, Juan el Bautista dijo, entre otras cosas, uno más grande que él vendría, y Él bautizaría a la gente con el Espíritu Santo y con fuego. (Ver Mateo 3:11).

Lamentablemente, durante mi visita en África y en todos los programas de avivamiento de la iglesias la cuestión de amar a tus enemigos y dejar la venganza a Dios provocó estruendosas preguntas y los argumentos de parte de ambos, ministros y congregaciones. Algunos no podían comprender cómo iban a dejar que el que está haciendo todo lo posible para destruirlos, o quien ya los ha lastimado a ellos y a sus familias camina libremente y sin desafio. Pero, ¿Llegan los malos a scr libres? Como ya hemos leído, Dios está enojado con el impío todos los días. Pero si reaccionamos ante una mala acción con el mal, nos convertimos en los malhechores, ya que somos lo que hacemos. El mal nunca puede ser bueno, como dice el refrán, "Dos errados no puede hacer uno correcto." No hay ninguna diferencia entre un acto espiritual original malo y un acto malo de represalia secundaria. En vez de resolver el asunto, dos malos se combinan y se complican, dando paso a de una saga de la maldición cíclica y de muerte que consumen. Mientras era perseguido por los hombres de Joab, Abner, el comandante del ejército del rey Saúl, dió voces a Joab, diciendo: ¿Consumirá la espada perpetuamente? ¿No sabes tú que el final será amargura? ¿Hasta cuándo no dirás al pueblo que se vuelva de perseguir a sus hermanos?" (2 Samuel 2:26). Sobre la misma cuestión, el apóstol Pablo amonestó a la iglesia de Dios en Galacia, así: "Pero si os mordéis y os coméis unos a otros, mirad que también no os consumáis unos a otros." (Gálatas 5:15). Además, es una estrategia equivocada para combatir al enemigo con su propia arma. La mayor arma del diablo y sus agentes es el mal. Por lo tanto, un verdadero hijo de Dios que emprenda o da mal por mal es un candidato marcado para una lamentable derrota. Usted no puede luchar contra el maestro con su propia arma. Por el contrario, para derrotar al enemigo, tendrá que emplear un arma más grande que la que él tiene el *amor*. El amor es el lenguaje y el arma que el diablo no puede entender.

El rey David claramente entendió este importante mandamiento de Dios, tanto así que incluso cuando Dios liberó a su enemigo (Saúl) en sus manos, él (David) se negó a tomar venganza, dejando a la justicia de Dios para juzgar entre él y el rey Saúl. ¿Y por qué Dios nos ordena a dejar la venganza a Él? Dios no quiere que la sangre que alguien sea puesta en manos de sus hijos. Él es Dios, Él puede hacer lo que le agrada. Pero para nosotros, no podemos permanecer inocentes de cualquier mala acción que hagamos. Una vez más, David comprendió esto perfectamente correcto cuando respondió a sus seguidores que se le incitaban a matar al rey Saúl. "Y David respondió a Abisai: "No le mates; porque ¿quién extenderá su mano contra el ungido de Jehová, y será inocente?" (1 Samuel 26:9). Como ya hemos leído en el libro de los Proverbios, el que sigue el mal lo hace para su muerte. (Ver Proverbios 11:19). La verdad de esta escritura es ejemplificada en el libro de Ezequiel 25, donde Dios pronuncia sentencia más dura contra Edom y los filisteos para tomar venganza contra Israel. "Así ha dicho Jehová el Señor: Por lo que hicieron los filisteos con venganza, cuando se vengaron con despecho de ánimo, destruyendo por antiguas enemistades; por tanto, así ha dicho Jehová: He aquí yo extiendo mi mano contra los filisteos, y cortaré a los sereteos, y destruiré el resto que queda en la costa del mar. Y haré en ellos grandes venganzas con represiones de ira;

y sabrán que yo soy Jehová, cuando haga mi venganza en ellos." (Ezequiel 25:15-17).

Muy consistentemente más, Dios maldijo a Caín y lo envió fuera de la faz de la tierra, sin embargo, prohibió a cualquier persona de vengar la muerte de Abel. "Y le respondió Jehová: Ciertamente cualquiera que matare a Caín, siete veces será castigado. Entonces Jehová puso señal en Caín, para que no lo matase cualquiera que le hallara." (Génesis 4:15). Por lo tanto, un castigo más severo contra el vengador que el malhechor inicial. Esto es así, porque la venganza/represalias suele ser ejecutados con un corazón malo rencoroso y premeditada, deseado para causar daño severo. Por lo tanto, las Escrituras nos advierten seriamente a huir de tomar venganza.

La pregunta que muchos todavía hasta este día se hacen es: ¿Cuál era el propósito de las duras disposiciones del Antiguo Testamento contra el mal y la gente malvada? El apóstol Pablo intencionadamente dirige esta preocupación para nosotros. Como está escrito: "Entonces, ¿para qué sirve la ley? Fue añadida a causa de las transgresiones, hasta que viniese la simiente a quien fue hecha la promesa; y fue ordenada por medio de ángeles en mano de un mediador." (Gálatas 3:19). Explicando más, el apóstol Pablo escribe: "Pero antes que viniese la fe, estábamos confinados bajo la ley, encerrados para aquella fe que iba a ser revelada. De manera que la ley ha sido nuestro ayo, para llevarnos a Cristo, a fin de que fuésemos justificados por la fe. Pero venida la fe, ya no estamos bajo ayo." (Gálatas 3: 23-25). Jesucristo es el cumplimiento de la ley y el principio de la relación del nuevo pacto, que Dios había prometido. Para garantizar la coherencia con sus mandamientos, Nuestro Señor tomó el tiempo para indicarnos claramente a nosotros: "Oísteis que fue dicho: 'Ojo por ojo, y diente por diente." "Pero yo os digo:" No resistáis al que es malo…" (Mateo 5: 38-39). Por lo tanto, como está escrito: "Pero si sois guiados por el Espíritu, no estáis bajo la ley." (Gálatas 5:18). Y como ya hemos leído, los que son guiados por el Espíritu de Dios son Sus verdaderos hijos, y el que no es guiado por su Espíritu no es de él. (Ver Romanos 8: 9, 14). El Espíritu de Dios es un Espíritu de amor perfecto y la obediencia implícita.

Si algún lector aún no está claro en este tema tan importante, entonces que él o ella responda a estas dos preguntas: ¿quién es Jesucristo, y quienes somos? Si realmente creemos que Jesucristo es el unigénito Hijo de Dios que vino del cielo para mostrarnos el camino y nosotros somos sus verdaderos discípulos (los cristianos), entonces es obvio que debemos andar como él anduvo, con modo de obediencia a sus mandamientos. Si somos verdaderos seguidores y amigos de Cristo, debemos obedecer y adherirnos estrictamente a todo lo que Él nos ha mandado. (Ver Juan 15:14). Esto significa que los que van en contra de sus mandamientos y la doctrina estan en contra de él. Como el Señor dijo: "Mis ovejas oyen mi voz, y yo las conozco, y me siguen." (Juan 10:27). Por lo tanto, los hijos de Dios escuchan sólo la voz de Dios y no sucumben a las voces confusas del diablo y sus agentes. (Ver Juan 8:47). Ellos viven cada palabra de Dios (véase

Deuteronomio 8:3). El que tiene oído en su corazón para oír que oiga.

EL OTRO GRAN MAL

Ahora hay otro mal mayor que orar y desear el mal a sus enemigos. Esto es común entre los cristianos en el mundo desarrollado. Estas son las personas que muy bien ocultan su odio con una sonrisa. Estos son los elementos más peligrosos, cuyos corazones y sus bocas están en conflicto. En el interior, estan embotellados con el odio y el mal, mientras que exteriormente manifiestan su amor falso. Estos recibirán mayor condenación, porque son hipócritas, porque de la abundancia de su corazón, su boca habla falsedad, engaño, mentira y adulación. Como está escrito: "¡Ay de vosotros, escribas y fariseos, hipócritas! porque limpiáis lo de fuera del vaso y del plato, pero por dentro estáis llenos de robo y de injusticia." (Mateo 23:25). "¡Ay de vosotros, escribas y fariseos, hipócritas! porque sois semejantes a sepulcros blanqueados, que por fuera, a la verdad, se muestran hermosos, mas por dentro están llenos de huesos de muertos y de toda inmundicia." (Mateo 23:27). "Así también vosotros por fuera, a la verdad, os mostráis justos a los hombres, pero por dentro estáis llenos de hipocresía e iniquidad." (Mateo 23:28). Por lo tanto, dice la Escritura: "El que encubre el odio es de labios mentirosos; y el que propaga calumnia es necio." (Proverbios 10:18).

Todo esto está escrito no para juzgar o condenar a nadie, sino para que los hijos de Dios puedan examinar sus corazones con el fin de reparar sus caminos antes de que sea demasiado tarde. Porque nadie que tenga un corazón malo puede ver a Dios. Por lo tanto, la Escritura dice claramente: "Bienaventurados los de limpio corazón, porque ellos verán a Dios." (Mateo 5:8).

ACTITUD ESPIRITUAL

Ahora bien, si hemos nacido de Dios y guiados por Su Espíritu (el espíritu es amor, compasión, perdón, reconciliación, y obediencia), el cual es nuevo espíritu en Cristo, debemos tener ojo espiritual y la actitud hacia las aflicciones y las malas acciones, porque el Espíritu de Dios, que mora en nosotros, nos permite entender que los malhechores tienen poco conocimiento (conocimiento de Dios) y por tanto, estan perdidos y enfermos. Como tal, estamos en la obligación, como discípulos de la Luz, para pedirle a Dios de todo corazón para perdonar a aquel que carece de conocimiento y mostrar al perdido el camino, principalmente por todo lo que hacemos y cómo reaccionamos ante sus malas acciones. Aún cuando la venganza de Dios es inevitable (por cada acto recibe recompensa), debemos interceder por ellos, estando siempre atentos y conscientes, de que hasta no hace mucho tiempo éramos como ellos. Nos corresponde a nosotros, por tanto, extender amor, gracia y misericordia para con todos. Usted puede correctamente afirmar que ningún ser humano es capaz de hacer esto, y tiene razón. No hay ningún ser humano capaz de ser perfecto en el amor, excepto el que nace y guiado por el Espíritu de Dios; y sabemos que con Dios, todo es posible. De nuevo, nadie puede entender los misterios de Dios hasta que le sean dados a él o ella.

CAPÍTULO OCHO

LAS PRUEBAS DE AMOR POR OTROS

Amor, al igual que cualquier otra cosa, no puede ser certificado como verdadero, perfecto, y piadoso hasta que no sea probado y comprobado, al igual que usted no se graduará y certificará hasta que pase las pruebas necesarias. En este capítulo, vamos a examinar algunas de las pruebas críticas de amor por los demás.

AMOR CON ACCIÓN

Al igual que la Epístola de Santiago 2:15-17, "Y si un hermano o una hermana están desnudos, y tienen necesidad del mantenimiento de cada día, y alguno de vosotros les dice: 'Id en paz, calentaos y saciaos,' pero no les dáis las cosas que son necesarias para el cuerpo, ¿de qué aprovecha? Así también la fe, si no tiene obras, es muerta en sí misma." Muchos de nosotros somos buenos en usar vocabularios vacíos de amor, pero cuando viene la prueba real, nos encontramos carentes. Si usted piensa que tiene más amigos y relaciones de las que puede manejar, espere hasta que usted se encuentre en una posición poco envidiable, y encontrará muy pronto si realmente, o si siquiera tiene un sólo amigo o de hecho una amistad. Escribiendo con experiencia, confieso que, en verdad, no hay amigo como Jesús. Y si por gracia de Dios tiene un fiel y leal amigo de verdad que se atreve a acercarse a usted cuando está en el desierto, bienaventurados usted y su amigo. Tal amigo o amistad son un raro don de Dios.

Los nacidos de Dios deben removerse la camisa de sus espaldas y dársela a un hermano o cualquier persona que esta en necesidad. De lo contrario, nuestra expresión de amor será como una doctrina dulce, sensación de bienestar que no tiene sustancia espiritual verdadera/valor. Es como una nube sin lluvia o un árbol ahuecado que cae al menor roce del viento. Como el apóstol Juan escribió en su Primera Epístola, "Pero el que tiene bienes de este mundo y ve a su hermano en necesidad, y cierra su corazón, contra él ¿cómo puede el amor de Dios morar en él? Hijitos míos no amemos de palabra ni de lengua, sino de hecho y en verdad." (Juan 3:17-18). Del mismo modo, si bien podemos profesar todo nuestro amor a Dios, no tiene sentido sin la acción y la obediencia. La única forma de demostrar que le amamos es obedeciendo todo lo que Él nos ha mandado. Como está escrito: "Si me amáis, guardad mis mandamientos." (Juan 14:15). "Mas para que el mundo conozca que amo al Padre, y como el Padre me mandó, así hago. Levantaos, vamos de aquí." (Juan 14:31). El Señor mismo destacó este verdadero amor y la compasión en la parábola del buen Samaritano. (Ver Lucas 10:30-37).

A medida que leemos, ni un sacerdote ordenado, ni un levita mostró amor, sino un samaritano, que practicó la misericordia y la compasión a aquel en necesidad, y por eso él, estaba justificado. En cuanto a los otros individuos, a pesar de que creían que estaban más cerca de Dios que otros, ellos, lamentablemente no pasaron la prueba crucial de amor. "Antes hacen halagos con sus bocas, y el corazón de ellos anda en pos de su avaricia." (Ezequiel 33:31).

La fácil excusa para algunos de nosotros es que no tenemos nada que dar. Pero nos olvidamos, o mejor dicho, no entendemos que todos tenemos más que suficiente para dar a los demás. ¿Cuál es el mejor regalo que podemos dar a los demás? Para responder a esta pregunta, primero debemos responder, ¿cuál es la mayor necesidad del hombre? La mayor necesidad, creo, es la vida eterna (la salvación). Así que incluso si usted no tiene ninguna cosa física para dar, usted puede dar el regalo de la vida, estamos llamados a dar sus frutos. (Ver Juan 15:16). Y el que gana almas no es sólo sabio sino también bendecido. Por lo tanto, los hijos de Dios tienen más que suficiente para ofrecer. Ellos pueden ofrecer lo que no perece (salvación y oraciones). Y tienen lo que los incrédulos nunca pueden tener, la autoridad y el poder de Jesucristo que rompe todo yugo. En los Hechos de los Apóstoles, a pesar de que los apóstoles Pedro y Juan no tenían cosas tangibles físicas para dar al hombre cojo en la puerta del templo, ellos le dieron al hombre lo que necesitaba, que era más de lo que él quería. "Mas Pedro dijo: No tengo plata ni oro, pero lo que tengo te doy; en el nombre de Jesucristo de Nazaret, levántate y anda." (Hechos 3:6). El cojo tuvo una nueva oportunidad de la vida. Por lo tanto, el regalo más grande es el amor, y Dios es amor.

Por cierto, la característica del regalo más grande es que es libre, pero no tiene precio. "Eh! A todos los sedientos: Venid a las aguas; y los que no tienen dinero, venid, comprad y comed. Si, Venid, comprad vino y leche sin dinero y sin precio, Por qué gastáis el dinero en lo que no es pan, y vuestro trabajo en lo que no sacia? (Isaías 55:1-2). La escritura anterior es consistente con la gentil invitación de nuestro Señor para que podamos aceptar Su yugo porque mi yugo es fácil, y ligera mi carga. (Ver Mateo 11:28-30). Por lo tanto, si nada más, los hijos de Dios deben dar el regalo del amor perfecto.

RIÉNDOSE DE LA CALAMIDAD DEL OTRO

Este es una dificultosa prueba de amor para los demás, especialmente a nuestros *enemigos*. La mayoría de nosotros profesamos y jactamos de nuestra madurez en amar y perdonar a los demás hasta que alguna calamidad golpea a nuestros enemigos, entonces, revelamos nuestra personalidad y lamentablemente fallamos esta prueba espiritual. Algunos nos reímos en voz muy alta y decimos: "Ah, él tiene lo que merece." E incluso disfrutamos amplificando la caída de nuestros enemigos y otros. Aquel que es nacido de Dios llora por aquellos con dificultades, sin importar las circunstancias. Él comuna con Dios en la intercesión por ellos. Incluso los condenados a muerte, condenado por los crímenes más atroces, y los enemigos mortales que parecen haber nacido para nuestro dolor y el tormento, todos merecen nuestro amor, compasión y oraciones, pués como una verdad espiritual, que no saben lo que hacen.

El que no está guiado por el Espíritu de Dios no tiene conocimiento de Dios y, es por tanto perdido y muerto. Los que son la luz de Dios en la tierra debe llorar por ellos, no reírse de ellos. Se aflige Dios a ver a su hijo sufrir calamidades, pero le duele más ver a otro riéndose de Su hijo. "¿Quiero yo la muerte del impío? dice Jehová el Señor. ¿No vivirá, si se apartare de sus caminos? (Ezequiel 18:23).

Al igual que cualquier padre terrenal que puede decir a un hijo rebelde en problemas, "!te lo dije!", pero, en realidad, él o ella está triste por el sufrimiento del hijo. Entonces, imagino que si un extranjero viene a burlarse y reírse de ese hijo. Apuesto a que el padre no se lo toma con gracia. Dios no se goza, sino que se aflige cuando Su hijo está en problemas, no importa las circunstancias que provocaron el problema. Fue este amor paternal y la compasión que llevó a Dios a enviar a su Hijo unigénito para morir por nosotros.

Por consiguiente, quien se ríe de la calamidad de otro, odia, ríe, y se burla de Dios y no quedarán impunes. "El que escarnece al pobre afrenta a su Hacedor; Y el que se alegra de la calamidad no quedará sin castigo." (Proverbios 17:5). Peor aún, Dios puede no aceptar la calamidad de la víctima de la burla. "Cuando cayere tu enemigo, no te regocijes, y cuando tropezare, no se alegre tu corazón; No sea que Jehová lo mire, y le desagrade, y aparte de sobre él su enojo." (Proverbios 24:17-18).

El Señor demostró Su ira contra los amonitas y moabitas por reírse de la calamidad de Israel. "Y dirás a los hijos de Amón: "Oíd palabra de Jehová el Señor. Así dice Jehová el Señor: 'Por cuanto dijiste: ¡Ea, bien!, cuando mi santuario era profanado, y la tierra de Israel era asolada, y llevada en cautiverio la casa de Judá; por tanto, he aquí yo te entrego por heredad a los orientales, y pondrán en ti sus apriscos y plantarán en ti sus tiendas; ellos comerán tus sementeras, y beberán tu leche." (Ezequiel 25:3-4). "Porque así ha dicho Jehová el Señor: Por cuanto batiste tus manos, y golpeaste con tu pie, y te gozaste en el alma con todo tu menosprecio para la tierra de Israel, por lo tanto, he aquí yo extenderé mi mano contra ti, y te entregaré a las naciones para ser saqueada; te cortaré de entre los pueblos, y te destruir é de entre las tierras; te exterminaré, y sabrás que yo soy Jehová." (Ezequiel 25:6-7).

Los que habéis revestido de Cristo, como nuevas criaturas, deben amar a los demás como Él los amó. "Pues para esto fuisteis llamados; porque también Cristo padeció por nosotros, dejándonos ejemplo, para que sigáis sus pisadas." (1 Pedro 2:21). "quien llevó él mismo nuestros pecados en su cuerpo sobre el madero, para que nosotros, estando muertos a los pecados, vivamos a la justicia; y por cuya herida fuisteis sanados." (1 Pedro 2:24). Por lo tanto, un verdadero nacido de Dios, deberán asumir una carga de otros y compartir sus momentos buenos y malos. "Gozaos con los que se gozan; llorad con los que lloran." (Romano 12:15). Y la Biblia dice más, "Sobrellevad los unos las cargas de los otros, y cumplid así la ley de Cristo." (Gálatas 6:2).

Es una declaración cierta que reirse de las calamidades de otro es una expresión de odio en nuestros corazones hacia el individuo. Algunos de nosotros afirmamos que no nos reimos de alguien cuando se cae, pero no nos detenemos para amplificar y difundir el problema del otro. Si eso no es burlarse o reírse o ser francamente indiferente, no sé lo que es. Todo lo que se hace o se dice sin amor no es de Dios. La pregunta más importante es, ¿cómo lo que hago o digo ayuda a la víctima y glorifica a Dios? ¿Qué tan pronto se nos olvida que hasta no hace mucho tiempo, hemos sido salvados por la gracia y el Señor ha tenido la misericordia de cubrir nuestros pecados. Ahora bien, si Dios quitara la tapa, algunos de nosotros iríamos a otro planeta para escapar de nuestro pasado atroz. Si somos hijos de Dios, debemos hacer las obras de Dios y ser perfecto y santo como Él es. Por lo tanto, tengamos piedad de aquellos que han tropezado y caído de modo que podamos conseguir más misericordia para los días malos que no tardarán.

SITUACIÓN DE ENOJO

Otra gran prueba o medida de nuestro amor por los demás y la madurez espiritual se encuentra en una situación de enojo. En cólera y situaciones molestas de seguro vienen en nuestro camino, no hay duda sobre eso. "Estas cosas os he hablado para que en mí tengáis paz. En el mundo tendréis aflicción; pero confiad, yo he vencido al mundo." (Juan 16:33).

¿Quién es el que ha vencido al mundo, sino el que es nacido de Dios? Y ¿cómo puede vencer al mundo, sino con el amor? Porque Dios es amor.

Situaciones de cólera brindará la oportunidad de medir nuestra madurez espiritual, así como prueba de nuestra verdadera identidad como cristianos nacidos de nuevo. Usted puede decir fácilmente si uno está bajo el sistema de retención del Espíritu Santo en una situación de enojo. ¿Cómo reaccionamos ante las situaciones de ira dice mucho de lo que somos. La mayoría de nosotros aparecemos como el más dulce los seres humanos hasta que nuestros deditos de los pies son pisoteados, y desatamos el fuego del infierno contra el ofensor de modo que tiramos toda la prudencia, el amor, la compasión y la gracia para el viento. Si el Espíritu Santo mora en nosotros, Él nos llevará a simpatizar y a tener misericordia del malhechor porque le falta el conocimiento espiritual de Dios. Porque si el ofensor conociera a Dios, no haría lo que hizo. Vosotros sois la luz del mundo, y en ese momento tu luz está siendo probada. Si usted reacciona como el agresor, usted se convierte como él. ¿Cómo reaccionamos ante las situaciones de enojo nos diferencia de los hijos del diablo. Por tanto, si actuamos y reaccionamos como incrédulos, nos convertimos en lo que ellos son. "Nunca respondas al necio de acuerdo con su necedad, no sea que también como él." (Proverbios 26:4). Por lo tanto, si en situaciones de enojo hablamos, actuamos o reaccionamos como incrédulos, somos infieles. Es lo que hacemos que da testimonio de nosotros. "Así, todo buen árbol da buenos frutos, pero el árbol malo da frutos malos. No puede el buen árbol dar malos frutos, ni el árbol malo dar frutos buenos. Así, que, por sus frutos los conoceréis." (Mateo 7:17, 20).

Mientras yo estaba en África, el Señor me dijo que pidiera a las congregaciones que compren para sí tres cosas fundamentales que les ayudaran a superar situaciones de enojo:

Una máquina de coser para coser la lengua.

Una cremallera para cerrar boca.

Una correa de cadena para la cintura.

Para un verdadero nacido de Dios, si en el pasado usted ha hablado diez palabras en un minuto, sobre todo en situaciones de enojo, ahora usted debe aprender a hablar una sóla palabra. Aún así, esta palabra debe ser la verdad, y usted debe tener cuidado de cómo la dice a los demás, de lo contrario, se convierte en pecaminosa. Un ejemplo establece este punto recto. Si descubro el mal de un hermano en una iglesia e informo de ello al pastor sólo con el único propósito de ayudar y restaurarlo al orden, es encomiable. Sin embargo, si hablo a todos acerca del asunto, ya no lo estoy haciendo por amor y no lo estoy ayudando, y eso es pecaminoso.

En una situación de enojo, el que toma el asunto en sus propias manos no es de Dios. Todos estamos de acuerdo que estar enojado no es pecado, después de todo, Dios se enoja. Sin embargo, no se nos ordenó dejar que nuestra ira sea pecaminosa. Es decir, no dejes que tu ira llegue al pecado. "Airaos, pero no pequéis; no se ponga el sol sobre vuestro enojo, ni deis lugar al diablo." (Efesios 4:26-27).

Hay cuatro cosas que podemos hacer que hacen que nuestro enojo sea pecaminoso y entristecen al Espíritu Santo:

La ira de retención. Si mantenemos la ira dentro de nosotros por un tiempo más de lo necesario, sólo toma unos poco minutos para que nuestro corazón se endurezca en la amargura o orgullo y esto es lo que hace que el Espíritu Santo se entristezca y se aparte, dando fácil acceso al diablo.

La lengua se mueve, y la boca se abre. Este dúo malo, en situaciones de enojo, presenta un constante reto en nuestro caminar espiritual. Como tal, un dúo de protección de una máquina de coser y una cremallera es una necesidad. Si su lengua se mueve y su boca se abre en la ira, usted ha dado cabida al diablo. Cuando dos personas están enojadas y discutiendo, cada una está tratando enérgicamente para probar que él o ella tiene razón, y la otra persona está mal, y todo lo que se dice en respuesta a una situación de enojo es siempre la intención de marcar un daño severo. Cada palabra que pronunciamos en enojo contra otro aflige al Espíritu Santo, ya que somos hijos de Dios, y todas nuestras palabras son para ministrar vida, no muerte. Si toda palabra ociosa que hablamos nos somete al juicio, cuánto más palabras de enojo "Mas yo os digo que de toda palabra ociosa que hablen los hombres, de ella darán cuenta en el día del juicio. Porque por tus palabras serás justificado, y por tus palabras serás condenado." (Mateo 12:36-37). Esto nos da una razón más por qué es imprescindible para un verdadero nacido de Dios coserse la lengua con una máquina de coser y cierre la boca. Porque como dice la Escritura: "El que guarda su boca y su lengua, Su alma guarda de angustias." (Proverbios 21:23). Porque como la Escritura dice "La muerte y la vida están en poder de la lengua, y el que ama comerá de sus frutos." (Proverbios 18:21). Dado que la lengua sucia contamina todo el cuerpo (porque de lo que esta lleno el corazón habla la boca), la lengua, como parte de la carne, deben ser llevados por completo a la sujeción del espíritu en la vida de un nacido de Dios. "Y la lengua es un fuego, un mundo de maldad. La lengua está puesta entre nuestros miembros, y contamina todo el cuerpo, e inflama la rueda de la creación, y ella misma es inflamada por el infierno." (Santiago 3:6). Una vez más, la Escritura nos dice que el hombre que se apresura a la ira es un tonto, pero el que se apresura a decir una palabra en la ira es peor que un tonto. "No te apresures en tu espíritu a enojarte; porque el enojo reposa en el seno de los necios." (Eclesiastés 7:9). "¿Has visto hombre ligero en sus palabras? Mas esperanza hay del necio que de el." (Proverbios 29:20).

Las manos y los pies se mueven. Si tu golpeas ya sea con las manos o los pies en situaciones de enojo, le das espacio para el diablo. Para evitar esto, necesitamos una cinturon de cadena del Espíritu Santo, alrededor de nuestra cintura para frenarnos siempre en situaciones de enojo. Por lo tanto, en un día de prueba pongase un cinturon. Y para algunos de nosotros que al irritarnos usamos nuestras manos y los pies como armas en respuesta a situaciones de enojo, una muy corta correa de cadena atada a una viga de acero es muy recomendable para que cuando levantemos la voz como perros rabiosos, no podamos morder o rasguñar. Los que han nacido de Dios son de Dios y por lo tanto son dioses. Sabemos que Dios se enoja, pero El reacciona y El controla la ira con el amor. Así que lo más grande que siempre debemos tener en cualquiera cosa que hagamos es amor. Que todo lo que un hijo de Dios tiene que hacer sea hecho para Dios, y basado en el amor, porque Dios es amor, y todo lo que no se hace por amor no es de Dios. Como dioses, somos la luz del mundo y dotado con la actitud espiritual hacia cualquier tribulación o pesadumbre. Con una actitud semejante a Dios, aceptamos todas las situaciones difíciles o reto como una bendición, una oportunidad para glorificar el nombre de Dios y poner al diablo a la vergüenza. Si somos capaces de dominar la ira con el amor; y más bien emplear y extender misericordia, gracia y compasión, nosotros desarmamos al diablo y lo ponemos en vergüenza. Haciendo esto, nosotros acumulamos tormento de culpa sobre la conciencia del ofensor. (carbones fríos para quemar su cabeza como algo de amor para interpretar esta disposición de la escritura). Porque si amontonamos carbon caliente sobre la cabeza de los que nos ofenden, manifestamos venganza y maldad, lo cual es impío y malvado.

CAPÍTULO NUEVE

DONDE DOS O TRES ESTÁN REUNIDOS EN SU NOMBRE

En uno de los programas de avivamiento de las iglesias y conferencias en África, le pregunté al Señor que le gustaria que le dijera a la iglesia el primer día del programa, y el Señor me dijo: "Diles que cuando dos o tres estan reunidos en Mi nombre, yo no estoy allí."¡Qué sorpresa. Se pueden imaginar mi reacción. Me inquietó y me pregunté seriamente si era el Señor quien me hablaba. Entonces, el Señor me dijo de nuevo, "Cuando llegues a la iglesia, ponte de pie ante la congregación y les dices que cuando dos o tres reunidos en mi nombre, yo no estoy allí, y encontrarán que, aunque profesan que se reúnen en mi nombre, pero no todos en mi nombre. Porque, ¿cómo se reúnen en mi nombre cuando no están de acuerdo y con un mismo pensamiento? Yo soy el Príncipe de la Paz, y donde no hay paz, no estoy allí. Una vez allí, Tu podrá saber cuáles se han reunido en mi nombre, pero no por mí." Efectivamente, cuando yo entregue el mensaje del Señor, los pastores y líderes de la iglesia estaban llorando admitiendo que el Señor tocó en el mayor problema que amenaza la existencia misma de la iglesia y la denominación completa, a la que pertenecía.

Al concluir el servicio, hubo el tradicional llamamiento para que los miembros se desearan bien unos a otros. Y así como esta tradición que estaba sucediendo, pude ver claramente un patrón de conducta impía entre los miembros de la misma iglesia. Algunos miembros sonrieron y abrazaron alegremente a sus amigos o aquellos que pertenecen a su camarilla, mientras que fruncieron el ceño y hacían muecas al enfrentarse a otros que no eran sus favoritos. Una casa dividida de hecho.

Aunque las cosas pueden no ser exactamente similares con otras iglesias y denominaciones como la iglesia expone, no es un hecho indiscutible que la mayoría de las casas de Dios se han convertido en casas de mercancías, la envidia, la discordia, el rencor, búsqueda personal, el conflicto, la manipulación, el engaño y la mentira. Dividida a toda imaginación. Por lo tanto, algunas iglesias y denominaciones son operadas en el modelo de empresas de seguridad donde los miembros son supervisados, y todos los medios se emplean para el control y verificación de los miembros. Profesan se reúnen en el nombre del Señor, pero no juntos de acuerdo con él. Es obvio que el día más segregado de la semana es el domingo, cuando todo el mundo va a su pequeña iglesia mientras que el amor se deja fuera. Cuando no se reúnen (de acuerdo) en Cristo, nuestra reunión en Su nombre es en vano, y lo peor, hipócrita, y el mejor de los casos, una blasfemia. División, los conflictos, envidia, y codicia, etc, son signos de la carnalidad, la cual es enemistad hacia

Dios. "porque aún sois carnales; pues habiendo entre vosotros celos, contiendas y disensiones, ¿no sois carnales, y andáis como hombres?" (1 Corintios 3:3).

El mayor deseo y la oración de nuestro Señor, antes y después de su muerte fue por Sus discípulos a ser uno, en la unidad de una mente y un propósito. Hay un solo Cristo y un solo Dios, el Padre, y una doctrina. Por lo tanto, la disunión, la división, la envidia, y las luchas no son testimonios que somos de Cristo y que Él fue enviado por el Padre para mostrar el camino, y que Él vino para que Él pueda hacer perfecto al que esta con Él y entre sí. "Y ya no estoy en el mundo; mas éstos están en el mundo, y yo voy a ti. Padre santo, a los que me has dado, guárdalos en tu nombre, para que sean uno, así como nosotros. Yo en ellos, y tú en mí, para que sean perfectos en unidad, para que el mundo conozca que tú me enviaste, y que los has amado a ellos como también a mí me has amado." (Juan 17:11, 23).

Cuando no hay acuerdo, la división, los conflictos, e incluso el odio entre las iglesias de Dios, ¿cómo podemos decir que somos de Cristo, porque el mundo no puede saber que somos enviados de Cristo? El apóstol Pablo amonestó fuertemente la iglesia de Dios, que estaba en Corintos, así: "Os ruego, pues, hermanos, por el nombre de nuestro Señor Jesucristo, que habléis todos una misma cosa, y que no haya entre vosotros divisiones, sino que estéis perfectamente unidos en una misma mente y en un mismo parecer." (1 Corintios 1:10).

El peor de los casos es la división y las luchas entre los ministros ordenados que son ferozmente bloqueados en las competencias de los impíos y la caza de brujas contra los otros. Si bien algunos de ellos puede aparecer como uno, ellos estan más divididos que nunca. Algunos esconden odio amargo y mala voluntad hacia otros. Ellos no tienen moderación para difamar a otras iglesias y denominaciones, e incluso prohiben a sus miembros cualquier contacto cercano con la gente de "diferente fe" como ellos se refieren a otras denominaciones. Se prohiben los matrimonios interdenominacional, porque uno de los socios no es miembro de su rebaño, por lo que es un incrédulo. Pero los cristianos no se supone que es de una sola fe en Cristo, una doctrina de Jesucristo, un Dios Padre, y un Espíritu Santo? Como está escrito: "un cuerpo, y un Espíritu, como fuistéis también llamados en una misma esperanza de vuestra; un Senor, una fe, un bautismo, un Dios y Padre de todos, el cual es sobre todos, y por todos y en todos." (Efesios 4:4-6).

Si estamos trabajando con el mismo patrón, por el mismo resultado, y bajo una doctrina, ¿por qué tenemos divisiones, denominaciones, y las luchas entre nosotros? Algunas denominaciones e Iglesias van al grado malvado de excomulgar con perversidad a cualquier miembro que deje de ir para asistir a otra denominación o iglesia. Es bastante obvio que la doctrina denominacional es del diablo, hecha a moda del hombre para su beneficio personal y la ambición. "Mas os ruego, hermanos, que os fijéis en los que causan divisions y tropiezos en contra de la doctrina que vosotros habéis aprendido, y que os apartéis de ellos. Porque tales personas no sirve a nuestro Señor Jesucristo, sino a sus propios vientres, y con suaves palabras y lisonjas engañan los corazones de los ingenuos." (Romanos 16:17-18)

Por desgracia, algunos ministros de las iglesias de hoy procederán a labrar sus imperios y ejecutar su propia doctrina, ideando todos los medios para conseguir que los miembros se sientan bien mientras se descarta el amor de verdad, ellos perfeccionan Psicología 101, diciendo a su cautiva audiencia lo que ellos (los miembros) quieren escuchar (no lo que Dios quiere que oigan) para que, a cambio, ellos (los ministros) obtienen lo que quieren, con lo que hacen a un lado la verdad del Evangelio de Jesucristo o, a lo menos, comprometiendo y diluyendo el Evangelio del reino de Dios. Cada mensajero de Dios, incluso de nuestro Señor Jesucristo, nos advirtieron a tener cuidado de la proliferación de falsos ministros y profetas. "Pero hubo también falsos profetas entre el pueblo, como habrá entre vosotros falsos maestros, que introducirán encubiertamente herejías destructoras, y aún negarán al Señor quien los rescató, atrayendo sobre si mismos destrucción repentina. Y muchos seguirán sus disoluciones, por causa de los cuales el camino de la verdad será blasfemado, y por avaricia harán mercadería dc vosotros con palabras fingidas. Sobre los tales ya de largo tiempo la destrucción no se tarda, y su perdición no se duerme." (2 Pedro 2:1-3).

Soy consciente del hecho de que corro el riesgo evidente de no ser comprendido o etiquetado como una iglesia o ministro degradador. No es mi intención golpear a nadie, ni a las personas, ni a los ministros del Evangelio. Sin embargo, hipócritas, como los fariseos del tiempo del Señor, constituyen peligro para el cuerpo de Cristo y no se debe tolerar o alentar. Estoy escribiendo como una inspiración del Espíritu de Dios y de la experiencia personal de la verdad imperante en relación con la mayoría de las iglesias y ministros de hoy. En algunas partes del mundo, la competencia entre los ministros es tan feroz y mortal que hay iglesias en cada esquina, y no es raro tener más de cuatro iglesias en un solo edificio, todos sus servicios en los mismos días y en la misma hora. Tuve ocasiones para ministrar en iglesias en las que era casi imposible para mí escuchar, porque las otras iglesias de al lado tenían sus bandas y mega altavoces tan alto, con la obvia intención de ahogar las actividades de las otras pequeñas iglesias. Tan intencional, insensible, con absurdo peligro y malicioso desprecio a los derechos de los demás y al temor a Dios. Algunos han participado y participan aún, en el diseño y deseando la caída de otros ministros, algunos se ríen de la desgracia de otros, y algunos construyen sus imperios alrededor de ellos y sus familias y aborrecen dar tregua o una oportunidad a otro, salvo un miembro de su familia para sobresalir. Este tipo de envidia, el odio, el egoísmo, división y luchas son las tendencias comunes para destruiir el cuerpo de Cristo. Como ya hemos leído, si el cuerpo de Cristo continua mordiéndose y devorándose a sí mismo, un día se consumirán. (Ver Gálatas 5:15). Si somos guiados por el Espíritu de Dios, vamos a tener una mente espiritual (la mente de Cristo), y no debe haber espacio para atender los deseos de la carne. Donde no hay paz, el Espíritu de Dios no está, porque Dios no puede estar asociado con las luchas y la división. "pues Dios no es Dios de confusión, sino de paz. Como en todas las iglesias de los santos." (1 Corintios 14:33). El discípulo Santiago fue contundente, directo y al grano acerca de este problema: "Pero si tenéis celos amargos y contención en vuestro corazón, no os jactéis, ni mintáis contra porque esta sabiduría no es la que desciende de lo alto, sino terrenal, animal, diabólica. Porque donde hay celos y contención, allí hay perturbación y toda obra perversa." (Santiago 3:14-16).

A veces, el liderazgo de la iglesia trae disputas acerca de las luchas y la división interna entre ellos mismos cuando actúan carnalmente en la selección de los miembros del consejo, los ancianos, diáconos, y otros funcionarios de la iglesia. La mayoría de las Iglesias saben los nombres de los llamados y los que administrarán las bolsas de dinero en su lista de liderazgo . Estos no son elegidos por cualquier llamado espiritual en sus vidas o la fidelidad, sino simplemente por su capacidad real o percibida. Y en cuanto surge cualquier conflicto o desacuerdo, la persona pone su capacidad para trabajar en la división de la iglesia. Mientras que un hombre capaz, no puede ser fiel, un hombre fiel, por el contrario, puede ser ambas cosas. Una persona fiel es un don de Dios. "Ahora bien, se requiere de los administradores, que cada uno sea hallado fiel." (1 Corintios 4:2).

Una vez más, el apóstol Pablo amonestó a Timoteo así: "Lo que has oído de mí ante muchos testigos, esto encarga a hombres fieles que sean idóneos para enseñar también a otros." (2 Timoteo 2:2). El libro de los Proverbios no escatimó ninguna palabra para describir a una persona infiel. "La confianza en el prevaricador en tiempo de angustia es como diente roto y pie descoyuntado." (Proverbios 25:19). Por lo tanto, es mejor tener a la persona más pobre fiel que un multimillonario infiel. Es el corazón de una persona que Dios busca.

Lamentablemente, hay algunos miembros maliciosos en las congregaciones religiosas que estan en el liderazgo de la iglesia que sin duda deben enfrentarse. Estos son los que "lo sé todo" miembros que se consideran superior a los demás, alardeosos y resopladoso. Piensan y se convencen a sí mismos que son los únicos con ideas buenas, se sienten orgullosos y sin humildad. No se detendrán ante nada para asegurarse de causar tormento, problemas, discordia y confusión. Se esfuerzan en la arena diabólica (a robar, matar y destruir). Y cuando deciden salir de una iglesia particular, no estarán satisfechos de salirse en silencio y solos, sino que toman a otros con ellos. Ellos se asegurarán de derribar hacia abajo todo lo que ellos ayudaron a construir. A ellos les encanta jactarse de que ellos eran los pilares de la iglesia, y tan pronto como se fueron, la iglesia se vino abajo. Ellos no se dan cuenta que todo el que tira hacia abajo lo que ha ayudado a construir es un transgresor, y todo aquel que se niega a salir sólo, sino que hace esfuerzos conscientes para sacar a la gente afuera con él es del diablo. Una cosa es que alguien deje una iglesia para cualquier causa que fuere, y otra para formar un motín rebelde contra una iglesia. Así que cuando ustedes se reúnen en su nombre, examínense cuidadosamente para ver si ustedes están de acuerdo en reunirse en su nombre o en contra de él. No podemos agradar a Dios cuando estamos en desacuerdo con él.

El tema discutido es bien ilustrado en el libro de Isaías 58, en respuesta al reclamo del pueblo al

Señor que no les hizo caso, incluso cuando ayunaban y se reunion en su nombre. El Señor dijo, entre otros "En verdad han ayunado por lucha y debate, y para herir con el puño de la maldad."

He aquí que para contiendas y debates ayunáis y para herir con el puño inicuamente; no ayunes como hoy, para que vuestra voz sea oida en el alto. ¿Es tal el ayuno que yo escogí, que de día aflija el hombre su alma, que incline su cabeza como junco, y haga cama de cilicio y de ceniza? ¿ Llamaréis esto ayuno, de día agradable a Jehová? No es mas bien el ayuno que yo escogí, desatar las ligaduras de impiedad, soltar las cargas de oppression, y dejar ir libres a los quebrantados, y que rompáis todo yugo?" (Isaías 58:4-6). Eso es realmente reunir en su nombre.

CAPÍTULO DIEZ

EL FUNDAMENTO ESPIRITUAL DEL PERDÓN PARA OTROS

Amor es a Dios como perdón es a amor. Por lo tanto, Dios es el perfecto amor y el perdón. Uno que dice que ama a Dios pero no perdona a otros es un mentiroso y un hipócrita. En efecto, existe una relación directa entre el amor y el perdón. Lamentablemente, los corazones más duros y difíciles para perdonar se encuentran entre los que profesan ser cristianos fuertes. Algunos de nosotros diría que ama al que le ha herido gravemente, pero nunca perdona ni olvida al delincuente y la ofensa. Ellos hasta dejarían de hablarle al ofensor por el resto de sus vidas. Muchos de nosotros no a hablado o tenido nada que ver con uno de nuestros padres, o con ambos padres, y nuestros hermanos durante muchos años. Imagínate a ti mismo comiéndote en la amargura y la angustia por la falta de perdón por tanto tiempo. Ahora imagine ésto, si el Señor viene en este momento y tu estas atrapados en este mal y falta de perdón en tu corazón cuál será su destino? Porque está escrito que sólo aquellos que son puros de corazón verán a Dios (Ver Mateo 5:8). Un corazón amargado e implacable, no puede decir que es puro, falta de perdón es pecaminoso y la peor forma de brujería. Un corazón que le resulta difícil perdonar es un corazón de la carne y no de Dios. Es éste nuevo corazón espiritual que hace que aquel que es nacido de Dios sea una nueva criatura, con un corazón de Dios. Este es un corazón de amor, compasión, misericordia, gracia, paz, mansedumbre, humildad, perdón y reconciliación. No es un corazón endurecido y obstinado (corazón de piedra), sino un corazón espiritual peculiar que es capaz de amar y perdonar, incluso a los peores enemigos.

Lamentablemente, la mayoría de nosotros estamos muy influenciados por nuestras distintas culturas en este sentido. En las naciones en desarrollo, como África, por ejemplo, es cultural y tradicionalmente inaceptables mantener rencores contra sus familiares, amigos y vecinos por mucho tiempo sin acercarse a ellos con sus quejas, con la esperanza más sincera de resolver el asunto rápidamente. Incluso es considerada una abominación cortar la comunicación con los padres y hermanos, que amplio y complejo sistema natural de familia, donde los asuntos de cada persona es el asunto de todos, y una vida es responsabilidad de todos. De ahí el común decir que se necesita una aldea para criar a un niño (muy similar a la doctrina de Cristo, soportando uno la carga ajena). En estas culturas, que por desgracia se refiere en algunos sectores como primitivo, el bagaje conceptual del individualismo está bien visto como que no responde a la realidad de la vida y por lo tanto incompatible con los planes de Dios para los seres humanos. Tal vez deberíamos pedir prestada una hoja de amor y perdón a los perros los cuales, incluso cuando están heridos o castigados, perdonan y se reconcilian de todo corazón con facilidad e incluso responden al maestro con amor. El argumento, por supuesto, puede ser que los humanos son tan complejos que no es posible para ellos amar y perdonar como los perros. Pero no estamos aquí hablando de la gente común, sino que estamos hablando de cristianos, "Seres como Cristo," las nuevas criaturas que han nacido de Dios (los elegidos de Dios), con un nuevo corazón de carne, mente espiritual, cuerpo, y espíritu nuevo. Estos son los que se les ha dado el poder de hacerse hijos de Dios, sacado de un fuego purificador, los dioses en la tierra, que se han revestido de Cristo y hacen las obras de Cristo. (Ver Juan 1:12, 14:12; Gálatas 3:27). Ellos son la luz y la sal del mundo y, como tales operan, dentro de la cultura, la tradición y la doctrina del verdadero Evangelio de Jesucristo, nuestro Señor.

El perdón a los demás es un perdón por todas sus malas acciones. Se trata de una liberación total de la descarga y de todas las deudas. Es simplemente un acto de dar al ofensor libertad del yugo de nuestra amargura, resentimiento y odio. Sin embargo, por el contrario, el perdón espiritual es tal perdón o descarga que no deja huella ni amargura residual en nuestro corazón. Es un acto que se establece entre el ofendido y el ofensor quedando libre de la esclavitud. El perdón espiritual no es sólo uno de los más altos niveles de madurez divina, sino un profundo fruto del Espíritu Santo. No podremos encontrar ni el uno por ciento de nosotros que posea y practique el verdadero perdón espiritual. El perdón espiritual desde el corazón por otro, como es ordenado por Dios es una liberación total del corazón.

Una hermosa ilustración es la que ha sido citada por muchos acerca de un prisionero quien es multado y encarcelado hasta que pague una fuerte multa. Incapaz de pagar su salida de la prisión, él decide entregarse a la desesperanza total. De pronto, una buena persona que nunca el ha conocido viene y paga la deuda total, y el es puesto en libertad sin condiciones. Nuestro pobre preso sale totalmente perdonado, sin culpa, puesto en libertad, y liberado porque todas sus deudas están pagadas. Eso fue lo que hizo nuestro Señor para los que creen en él. Mi adición a esta ilustración es que cuando el prisionero camina como un hombre libre, el pregunta por el buen hombre que pagó sus deudas, pero nadie sabe su paradero, a menos que él haya dejado una nota para el prisionero liberado, que dice: "Como yo te he perdonado y mostrado amor, haz lo mismo a los demás."

LA DEMOSTRACIÓN DEL SEÑOR

Nuestro Señor y Salvador Jesucristo, demostró perdón espiritual en tres casos específicos: (a) Respondiendo a la mujer sorprendida en adulterio, el Señor la perdonó sin condenación, y también le señaló el camino de la salvación (vete y no peques más) (ver Juan 8:11). Debemos tomar nota de que la mujer, de este caso pecó contra Dios, (b) Mientras en la cruz, crucificado, perdónó desde el corazón y oró al Padre para que perdone a todos: "Padre, perdonalos, porque no saben lo que hacen." (Lucas 23:34); (c) Al tratar con el apóstol Pablo (Saúl) en su camino a Damasco para perseguir a Sus discípulos y a la iglesia, el Señor no sólo perdonó a Pablo, sino que también amablemente le dijo qué hacer para obtener la vida (la salvación). "Levántate y entra en la ciudad, y se te dirá lo que debes hacer." (Hechos 9:6).

En los tres casos anteriores, nuestro Señor demostró dos cosas importantes:

a. *Su única misión: buscar y salvar al perdido.* Y como la luz del mundo, Él enseñaría e impartiría el conocimiento al ignorante, mostraría la manera al perdido, y curaría el enfermo. De este modo, Él cumplió las profecías de su mission. (Ver Isaías 61:1-2) y glorificado el nombre del Padre haciendo las buenas obras de su Padre. La salvación de un alma perdida trae la alegría y la Gloria a Dios. Como hemos leído, Dios se desespera por la muerte de un pecador, no es su placer que nadie se pierda (véase Ezequiel 18:23). Es por ello que hay celebración en el cielo por una alma salvada. "Os digo que así habrá más gozo en el cielo por un pecador que se arrepiente, que por noventa y nueve justos que no necesitan de arrepentimiento." (Lucas 15:7). La misión de nuestro Señor es la misma misión para los que creen en Él, por lo que Él nos ha encargado a llevar su misión hasta el final. (Ver Mateo 28:19-20). Una vez más, como lo indica claramente, "De cierto, de cierto os digo: El que en mí cree, las obras que yo hago, él las hará también; y aún mayores hará, porque yo voy al Padre." (Juan 14:12).

b. *No podemos ganar un alma para el reino de Dios a través del odio, resentitimiento, rencor, juicio y condena, sino más bien a través del amor, compasión, perdón, misericordia y gracia.* Sin duda, es obvio que la gente que odiamos, juzgamos, condenamos y guardamos rencores permanecen lejos de nosotros. Nos tienen miedo porque mostramos el amor imperfecto por nuestras obras. Pero como una luz de Cristo en el mundo, debemos dejarla brillar para que la gente pueda ver las buenas obras que hacemos en nombre de Cristo y glorificar a nuestro Padre. (Ver Mateo 5:16). Pero si lo que hacemos va en contra de la misión del Señor, no somos de El.

Entonces, hay un mandamiento nuevo para los que estan en Cristo, aunque el mandamiento no es realmente nuevo: "perdonar a otros" (todos) como Cristo nos ha perdonado. En dichas obras como la de Cristo, el mundo puede saber que somos verdaderamente de Cristo. Porque hemos sido perdonados y salvados por la gracia, por lo que nos corresponde a nosotros extender la misma gracia a todo el mundo, no importa cómo nos hagan daño, de lo contrario, nos convertimos en ingratos y perversos hijos. "Antes sed benignos unos con otros, misericordiosos, perdonádos unos a otros, como Dios también os perdónó a vosotros en Cristo." (Efesios 4:32). "Teniendo unos con otros, y perdónándoos unos a otros, si alguno tiene queja contra otro; manera que Cristo os perdónó, así también hacedlo vosotros. Pero sobre todas estas cosas vestíos de amor, que es el vínculo de la perfección." (Colosenses 3:13-14).

¿CÓMO PERDONAR?

Siendo que la falta de perdón es pecado, debemos comenzar nuestra caminata de perdón espiritual desde el punto número 1. - *Nosotros.* Nosotros debemos pedirle al Señor que nos perdone por cualquier rastro de rencor en nuestro corazón, orar y confesar nuestro perdón absoluto para cualquiera y todos aquellos a quienes les albergamos falta de perdón y resentimiento, pedimos a Dios que nos dé un nuevo corazón espiritual y un nuevo espíritu a partir de entonces, y orar a Dios que nos perdone y libere de los ofensores y del dominio de las tinieblas.

¿A QUIÉN PERDONAR?

Debemos perdonar de corazón a todas y cada una las personas que nos han hecho mal en cualquier momento. "Y cuando estéis orando, perdonad, si tenéis algo contra alguno, para que también vuestro Padre que está en los cielos os perdóne a vosotros vuestras ofensas." (Marcos 11 : 25).

¿CON QUÉ FRECUENCIA?

Pedido por apóstol Pedro con qué frecuencia se debe perdonar a su hermano, el Señor le contestó así: "No te digo hasta siete, sino aun hasta setenta veces siete." (Mateo 18:22). En otras palabras, hemos de perdonar a todos, todo el tiempo. Por lo tanto no hay límite para perdonar ya que no hay límite para amar.

ALGUNAS CONSECUENCIAS DE FALTA DE PERDÓN

No perdonar tiene tanto espirituales como físicas graves consecuencias, que incluyen, pero no se limitan a las siguientes:

a. *Impide el perdón de Dios.* Tan obvio y elemental como esto pueda sonar, pero ¿cuántos de nosotros perpetramos esto en el corazón? Hay una despreocupada actitud hacia las más serias consecuencias por la falta de perdón. El mandamiento de perdonar a otros es un mandamiento con una promesa. Si perdonamos, seremos perdonados por Dios. (Ver Mateo 6:14-15). Sin embargo, si nos negamos a perdonar a los demás no importa cual sea la justificación, Dios no nos perdonará. Simple y justo. Quien busca el perdón de Dios debe venir con las manos limpias (corazón). Así como aquel que busca la equidad debe hacer justicia. Mientras hablaba sobre este punto en África, el Señor le preguntó a la congregación por qué ello se imputan maldición diariamente. Como se pueden imaginar, se produjo un gran revuelo, y el Señor me dijo que preguntara a la congregación para orar el Padre Nuestro. Como se desprende del que estaba pasando, el

Señor lo detuvo al llegar el Evangelio de Mateo 6:12. "Y perdonanos nuestras deudas así como nosotros perdonamos a nuestros deudores" "PARA," dijo el Señor: "Que así sea de acuerdo a sus palabras, y no voy a perdonar porque no perdonáis a los demás." "Por lo tanto, se pronuncia una maldición sobre ustedes todo el tiempo.

b. *Impide oraciones.* Cuando oramos a Dios con falta de perdón en nuestro corazón, Él no nos va a escuchar como lo fue con Josué, el sumo sacerdote en el libro de Zacarías 3, que estaba de pie ante el ángel del Señor, pero estaba siendo retenido por Satanás, porque tenía ropas sucias. Satanás, el acusador, seguía reteniendo a Josué hasta que las ropas sucias le fueron retiradas. "Entonces Él me mostró al sumo sacerdote Josué, el cual estaba delante del ángel de Jehová, y Satanás estaba a su mano derecha para acusarle." (Zacarías. 3:1). Y el Señor dijo a Satanás: Y dijo Jehová a Satanás: "Jehová te reprenda, oh Satanás; Jehová que ha escogido a Jerusalén te reprenda. ¿No es éste un tizón arrebatado del incendio? (Zacarías 3:2). Aunque el sumo sacerdote Josué fue uno arrebatado del fuego, Satanás lo resistió, porque: "Y Josué estaba vestido de vestiduras viles, y estaba delante del ángel." (Zacarías 3:3). Entonces el Señor ordenó que la ropa sucia fuera removida primero. Entonces él respondió y habló a los que estaban delante de él, diciendo: "Y habló el ángel, y mandó a los que estaban delante de él, diciendo: "Quitadle esas vestiduras viles". Y a él le dijo: "Mira que he quitado de ti tu pecado, y te he hecho vestir de ropas de gala." (Zacarías 3:4). Espiritualmente, las ropas sucias del Señor se refería a la ropa no meramente físico, sino a la condición del corazón. Como el salmista dice con razón, Dios no nos escuchará si tenemos la iniquidad en nuestro corazón. (Ver Salmo 66:18). Y eso es coherente con la palabra del Señor: "Por tanto, si traes tu ofrenda al altar, y allí te acuerdas de que tu hermano tiene algo contra ti, déja allí tu ofrenda delante del altar, y anda, reconciliate primero con tu hermano, y entonces ven y presenta tu ofrenda." (Mateo 5:23-24).

c. *Aflige al Espíritu Santo todos los días.* Un corazón implacable es a todos los efectos un corazón malvado. El Espíritu Santo no puede morar en una casa manchada porque un corazón malvado e impuro le entristecen a Él. Un corazón que no perdona es por tanto, un terreno para las obras del diablo. Fue debido a la maldad de los hombres que le dolió tanto a Dios que Él se arrepintió de haber creado al hombre, lo que lo llevó posteriormente a la destrucción del primer mundo. (Ver Génesis 6:5-6). Refiriéndose a las obras como el perverso del pueblo de Dios, el profeta Isaías escribió: "Mas ellos fueron rebeldes, e hicieron enojar su santo espíritu; por lo cual se les volvió enemigo, y él mismo peleó contra ellos." (63:10). Como ya hemos leído, Dios está enojado todos los días con los corazones malvado. (Ver Salmo 7:11). Por lo tanto, como una advertencia adecuada, no vamos a dar espacio mediante el cual el Espíritu Santo se entristesca. "Y no contristéis al Espíritu Santo de Dios, con el cual fuisteis sellados para el día de la redención." (Efesio 4:30).

d. *Le pone a usted y al ofensor en perpetua esclavitud.* No perdonar es una forma mortal de brujería que se come tanto al ofensor como al ofendido. Ahora imagine lo que ocurre con sus nervios y espíritu cuando se encuentra cara a cara con el que usted no ha perdonado. Aún el mero pensamiento de él o de la mención de su nombre le hace hervir la sangre a su detrimento. Incluso simplemente ver o escuchar el sonido de lo que pertenece al ofensor   revuelve el estómago. Y pido a Dios que no te recuerdes a enemigos que no has perdonado justo antes de retirarte por la noche. Entre mas falta de perdón permanence en nuestro corazón,   más éste se endurece. Y en verdad, en mayor medida, el corazón que no perdona esta en más angustia que el ofensor, que no se da cuenta del tormento que el corazón del que no perdona se somete. Mientras que el corazón del que no perdona puede pasar toda la noche agonizando y comiéndose a sí mismo, el ofensor puede estar disfrutando de su sueño nocturno.

e. *Impide la curación espiritual, y la libertad.* No importa cuanto nos esforcemos, no podemos obtener curación espiritual completa, libertad y madurez si hay un rastro de rencor en nuestro corazón. Porque donde no está el espíritu del Señor no hay libertad. Por lo tanto, un corazón malvado, no puede ser libre.

f. *Promueve física dolencia.* Como se señaló anteriormente, la soledad es como un pecado de brujería que se come tanto al ofensor como al ofendido. Un corazón que no perdona no tiene paz. El resentimiento, la ira y la amargura como resultado de falta de perdón promueve estrés, depresión, dolores de cabeza, dolores de corazón, ansiedad y muchas otras dolencias. Por lo tanto, la falta de perdón mata al espíritu y a la carne. Es un veneno muy mortal.

g. *Lleva a la tentación.* No perdonar es un punto espiritual débil, que da acceso fácil al diablo para tentarnos. Es una invitación al diablo para explorar nuestra debilidad al máximo. Cuando oramos a Dios que no nos deje caer en tentación, no debemos nosotros mismos caer en tentación. (Mateo 6:13).

CAPÍTULO ONCE

EL VERDADERO PERDÓN ESPIRITUAL

Este fruto profundo del Espíritu Santo es el perdón espiritual de un corazón que se derrama de amor por el ofensor y lo ve como alguien que está muerto y necesita el conocimiento de Dios. Como dioses, los que han nacido de Dios deben perdonar por completo desde un corazón de Dios, nuestro corazón y boca debe estar necesariamente en armonía.

PERDONAR Y OLVIDAR

A menos que nosotros perdonemos y olvidemos, el perdón espiritual no es eficaz. Los que han nacido de Dios son espíritus de Dios, y dioses para los incrédulos, por tanto, debemos ser perfeccionados en amor y perdón, como Dios es. "No habrá más cada hombre enseñará a su prójimo, y cada cual a su hermano, diciendo: "Conoce al Señor, porque todos me conocerán, desde el más pequeño hasta el más grande de ellos, dice el Señor. Porque yo perdonaré su maldad y su pecado no me acordaré más." (Jeremías 31:34). "Yo, yo, soy el que borro tus rebeliones por amor a mí mismo, y no me acordaré de tus pecados." (Isaías 43:25). Pero, puede cualquier persona perdonar y olvidar el mal perpetuado en su contra? Después de todo, somos humanos, y los recuerdos feos no pueden ser fácilmente borrado. La respuesta que recibo por lo general de las congregaciones es *no*. De hecho, es casi imposible perdonar y olvidar a quién y a lo que nos duele tanto. Si profesamos perdón, pero cada vez que nos encontremos con el ofensor nos enojamos, amargamos y resentimos, hemos perdonado realmente a esa persona? No, No la hemos perdonado! Pero si cuando recordamos al ofensor y/o la mala acción, nuestros corazones glorifican a Dios por su misericordia y cómo Él usó el incidente para enseñarnos, entonces el Espíritu de Dios de hecho mora en nosotros. Porque nada malo le puede pasar a un nacido de Dios, a menos que Dios lo permita. Si somos consumidos por la falta de perdón, resentimiento, o sentimientos negativos, no vamos a apreciar lo que Dios ha planeado para que lleguemos a ser como resultado de la misma. Esto no quiere decir que no podamos recordar lo perdonado en el pasado, sino mas bien que lo recordemos como un testimonio para la gloria y acción de gracias a Dios, y luego hemos entrado en una comprensión superior o más perfecto de los misterios del reino de Dios. Pero siempre y cuando nos recordemos y nuestros corazones no tengan ningún rastro de odio y amargura, sino que tengamos misericordia, gracia, compasión y el amor hacia el ofensor, en verdad, nos hemos convertido en dioses y perfeccionados en el amor como nuestro Padre celestial es. (Ver Mateo

5:48).

Una caminada con el espíritu no es de lo que hemos logrado o la aflicción, la persecución o daño que hemos sufrido, sino más bien es lo que nos hemos convertido como resultado. ¿Pasamos la prueba para la próxima promoción, o debemos, en la medida necesaria repetir la lección? El elemento crítico en este sentido es nuestra actitud espiritual hacia la aflicción, la tribulación, la maldad, etc. actitud espiritual o el ojo espiritual de las cosas que nos sucedieron determina el nivel de dolor y de la victoria o la derrota. Si nosotros, desde el corazón, aceptamos toda aflicción/el mal como una bendición, una oportunidad de ganar a los malos para la gloria de Dios, la victoria siempre será nuestra. Ahora bien, esta es nuestra victoria si nos mantenemos firmes hasta el final sin ofender a Dios. De lo Contrario suponemos erróneamente, que simplemente hemos ganado la batalla porque hemos sabido sobresalir de la dificultad, pero en realidad, hemos perdido la guerra por ofender a Dios en el proceso. Al igual que con muchos de nosotros, yo también tengo testimonios de las malas acciones en mi contra, que yo ahora considero como una bendición. Una cosa que no nos parece comprender es que a veces Dios permite las cosas malas en nuestras vidas para que logremos el final que Él ha previsto. Algunos breves ejemplos están en orden:

a. *José, Hijo de Jacob.* Sus aflicciones fueron diseñados para salvar a Israel de la muerte. Escucha su respuesta a la peor traición de sus hermanos: "Vosotros pensasteis mal contra mí, mas Dios lo encaminó a bien, para hacer lo que vemos hoy, para mantener en vida a mucho pueblo." (Génesis 50:20).

b. *Jesuscristo.* El calculado mal era destruir al Señor, por su madre, hermanos, y discípulos, fue un golpe devastador más allá de nuestras imaginaciones más salvajes. Pero Dios lo permitió por el bien más grande, la salvación de todos los que creen.

a. *Pablo (conocido como Saulo).* Saúl, el apóstol legendario y siervo de Jesús, fue causando estragos contra los creyentes, sin embargo, Dios le permitió hasta el tiempo señalado. ¿Por qué? la persecución de Saúl era una herramienta espiritual por parte de Dios para difundir el Evangelio a muchas otras partes más allá de los límites de Jerusalén. Como Saúl intensifico su persecución, los discípulos que tenían miedo de aventurarse fuera de la zona de comodidad de Jerusalén no tuvieron más opción que huir a otras ciudades, y allí predicaban el Evangelio. "En cuanto a Saúl, el asolaba la iglesia, y entrando casa por casa, arrastrado a hombres a mujeres, y los entregaba en la cárcel. Por consiguiente los que fueron esparcidos iban por todas partes anunciando el evangelio." (Hechos 8:3-4). Estoy consciente que algunos lectores no puede aún comprender plenamente este punto, pero todos estamos de acuerdo de que con el Espíritu de Dios, todo es posible y que todas las cosas cooperan para bien a los que son de Dios. (Ver Mateo 19:26; 8:28 Romanos). Todos los cristianos, por tanto, debemos orar por este profundo fruto del Espíritu Santo (perdón espiritual) para su propio bien.

EL MISTERIO ESPIRITUAL DEL PERDÓN

¿Se retractará Dios de su perdón una vez que Él ha perdonado a un pecador? Dicho de otra manera, cuando Dios ha perdonado a un pecador hoy, ¿puede, en una fecha posterior, digamos, un mes posterior-retraer el perdón? Esa era la pregunta que el Señor me hizo durante mi reciente estancia en África. Mi respuesta y la respuesta dada por cada congregación que yo había planteado la misma pregunta fue un *no* rotundo. Esta puede ser su respuesta también. Una vez que Dios nos ha perdonado, ha perdonado, y punto. ¿Correcto? No, estamos todos equivocados, no comprendiendo los misterios del reino de Dios. El Señor me dijo que yo estaba equivocado, que él se retractaría de su perdón cuando uno ha endurecido su corazón para perdonar y se niega a perdonar a otro. !Ah! Que consecuencia devastadora es la falta de perdón. En el Evangelio de Mateo 18, nuestro Señor le dió una parábola de un implacable siervo a quien su amo perdonó una gran deuda, pero él se negó a perdonar a un siervo de una pequeña deuda que le debía. Así como el patrón misericordiosamente obligado por los motivos del siervo ingrato, le perdonó. Él (el siervo implacable) debió haber hecho lo mismo con un consiervo. Pero él no quiso saber nada de eso. Por el contrario, entregó a su consiervo a la cárcel hasta que pagara la deuda. Cuando su maestro oyó lo que su siervo malo hizo, él se enojó y le dijo: "Entonces, llamándole su señor, le dijo: 'Siervo malvado, toda aquella deuda te perdoné, porque me rogastes. ¿No debías tú también tener misericordia de tu consiervo, como yo tuve misericordia de ti?'" (Mateo 18:32-33). Y entonces el patrón que le perdonó antes cambió de opinión y se retractó de su perdón y entregó al siervo malo a la cárcel hasta que le pagara la deuda. El Señor les dijo entonces: "Así también hará con vosotros mi Padre celestial, si no perdonareis de vuestros corazones cada uno a su hermano sus ofensas." (Mateo 18:35). Es cierto que la mayoría de nosotros hemos leído estas escrituras muchas veces sin la comprensión de la revelación del misterio que rodea el perdón espiritual. Porque está escrito: "Porque con el juicio con que juzgáis, seréis juzgados, y con la medida con que medís, os será medido." (Mateo 7:2). Los que tienen oídos de corazón para oír, oigan.

CAPÍTULO DOCE

EL FUNDAMENTO ESPIRITUAL DE LA RECONCILIACIÓN

Perdón es para amor como reconciliación es para perdón.

Por lo tanto, amor es a perdón y reconciliación que Dios es amor. La reconciliación es el acto de reunir lo que está apartado, mantenido separado o dividido, pero que, para todos los efectos, debe ser uno. Es la restauración o la armonización a una a relación agria. La misión específica de nuestro Señor y Salvador Jesucristo, fue reconciliar al hombre con su Creador. Como resultado de la caída de Adán, los seres humanos que fueron creados originalmente a imagen y semejanza de Dios (uno con Dios) se separaron y sin él, de ahí la necesidad de una divino Reconciliador, Abogado, Redentor y Mesías.

LA RECONCILIACIÓN CON DIOS

Como se discutió en los capítulos anteriores, no podemos ser uno con Dios a menos que haya un acuerdo espiritual. Deseoso de esta íntima relación, Dios manifiesta su más grande amor por nosotros sacrificando a su único hijo, ofreciéndole como expiación por nuestros pecados. "Mas Dios muestra su amor para con nosotros, en que siendo aún pecadores, Cristo murió por nosotros. Porque si siendo enemigos, fuimos reconciliados con Dios por la muerte de su Hijo, mucho más, estando reconciliados, seremos salvos por su vida. Y no solo esto, sino que también nos gloriamos en Dios por el Señor nuestro Jesucristo, por quien hemos recibido ahora la reconciliación." (Romanos 5:8, 10-11).

Como un reconciliador, el deseo y la misión de nuestro Señor fué reconciliar primero a todos hacia Él y para con Dios por medio de él. Es digno de notar que Dios nos amó tanto, y como una demostración de ese perfecto amor, Él no se contuvo la reconciliación hasta que nos arrepintamos. (Ver Juan 3:16; Romanos 5:8, 10). Como una necesidad y práctico asunto, el Señor tuvo que reconciliar a nosotros primero con Él mismo, en una demostración clásica de que la caridad empieza en casa, y uno no puede dar lo que él o ella no tiene. Por lo tanto, la venida del Señor fue para reconciliarnos con el Padre por medio de Él, dándonos un ejemplo a seguir. Nuestro Señor bajó del cielo para mostrarnos el camino hacia el Padre, porque Él es el camino, un camino de justicia y santidad a los que creen. (Ver Isaías 35:8). Y aquellos que creen en él necesariamente tiene que hacer sus obras. (Ver Juan 14:12). Si, pues somos uno con Cristo, debemos trabajar en el ámbito de su comisión. Nuestra misión debe ser reconciliar a todas las personas con Cristo a través de nosotros para gloria del Padre.

La reconciliación espiritual con Dios es una fudición total con Dios (uno con Él) a través de Jesucristo por medio de los dos fundamentos espirituales de arrepentimiento y el acuerdo, anclados en las dos llaves del reino de Dios, el amor y la obediencia. De nuevo, esto es haber nacido de Dios.

RECONCILIACIÓN CON LOS DEMÁS

Como ocurre con el amor por los demás, la mayor dificultad reside en la reconciliación con los otros. Sin embargo, no puede haber reconciliación espiritual entre Dios y el hombre si se carece de la reconciliación entre el hombre y el hombre. Si no podemos reconciliarnos con el que vemos, ¿cómo podemos reconciliarnos con Dios, que es Espíritu? En este sentido, la mayoría de nosotros nos encontramos, inútiles, carentes, e hipócritas. Estamos orgullosos de profesar y aún creemos que somos los santos ángeles del Señor, sin embargo, tenemos personas encerradas en nuestro práctico archivo de personas que serán eliminadas las cuales hemos jurado no hablarle más mientras vivamos, pero no sabemos cuánto tiempo vamos a vivir. Algunos de nosotros mas bien llevamos a cabo conversaciones a diario con los animales y plantas.

¡Ay, qué confundida esta la prioridad de los seres humanos. Si amamos y reconciliamos con los demás como Cristo ha hecho por nosotros, entonces nosotros somos sus discípulos, haciendo Sus obras y guardando sus mandamientos. Al igual que con Cristo, la misión de sus verdaderos discípulos es doble: (a) reconciliarnos con los demás y (b) reconciliar a los demás con Jesús. Esto es conocer a Dios y darlo a conocer en toda la tierra. Este es el mandato de Jesús a sus discípulos: "Por tanto, id, y haced discípulos a todas las naciones, bautizándolos en el nombre del Padre, y del Hijo, y del Espíritu Santo; enseñándoles que guarden todas las cosas que os he mandado; y he aquí yo estoy con vosotros todos los días, hasta el fin del mundo." (Mateo 28:19-20).

Cualquier persona que profesa haber nacido de Dios, o que diga que conoce a Dios, y sigue siendo un individuo que ni perdona ni se reconcilia, o ha intentado con sinceridad de Dios y la buena conciencia de reconciliarse, se engaña. Por que el individuo todavía anda en tinieblas, vestido con ropas sucias. (Ver 1 Juan 1:5-6; Zacarías 3:1-3). Pues, ¿cómo podemos reconciliar con Cristo a otros cuando nosotros mismos no estamos aún reconciliados dentro de nosotros? Para que nosotros, que predicamos la reconciliación, y somos incapaces de reconciliarnos? Debemos vivir la palabra de Dios, que profesamos, y no decir una cosa y hacer otra. Jesucristo no es sólo el más grande reconciliador espiritual del hombre para Dios, sino también de hombre a hombre.

Dondequiera que Jesucristo entra, o su nombre es realmente observado, debe, necesariamente estar el amor, la paz, la calma, la reconciliación y la libertad (para libertar al cautivo). "El Espíritu de Jehová el Señor está sobre mí, porque me ungió Jehová; me ha enviado a predicar las buenas nuevas a los abatidos, a sanar a los quebrantados de corazón, a publicar libertad a los cautivos, y a los presos apertura de la cárcel." (Isaías 61:1). La mayoría de nosotros leemos la escritura anterior, sin la comprensión espiritual. Nosotros fallamos al considerar los cautivos en lugares y encarcelados dentro de las paredes de nuestro corazones endurecidos e irreconciliables. Como consecuencia de tales malentendidos, algunos andan buscando ministrar sólo aquellos que son físicamente encarcelados, sin preocuparse por los encarcelados espiritualmente en sus corazones, y de este modo somos espiritualmente ineficientes. La caridad, según dicen, empieza por casa. Si el Espíritu de Dios está sobre nosotros, debemos comenzar hoy por la reconciliación con todos, colocando así a todos los que nos han herido libre de su cautiverio, como Cristo, nuestro Señor, hizo por nosotros. Como está escrito: "Seguid la paz con todos, y la santidad, sin la cual nadie verá al Señor." (Hebreos 12:14) (Ver también Salmo 34:14). La presencia de nuestro

Señor y Salvador Jesucristo, hace nuevas todas las cosas. (Ver Apocalipsis 21:5). Las Escrituras nos dicen que el poder de Poncio Pilato y rey Herodes, quienes antes eran enemigos y se reconciliaron el mismo día que Jesús fue llevado a su presencia, aunque por separado. "Y se hicieron amigos Pilato y Herodes aquel día; porque antes estaban enemistados entre sí." (Lucas 23:12).

La reconciliación es tanto la exhaustividad del verdadero perdón a los demás. Si, pues, que profesamos que Cristo está en nosotros y sigue habiendo un horrendo pasado dentro de nosotros que excluye el perdón y la reconciliación, nos engañamos. La Reconciliación con los demás y los demás con Cristo a través de nosotros es un mandamiento del Señor y por tanto, nuestra misión y ministerio. "Y todo esto proviene de Dios, quien nos reconcilió consigo mismo por Cristo, y nos dió el ministerio de la reconciliación; que Dios estaba en Cristo reconciliando consigo al mundo, no tomándoles en cuenta a los hombres sus pecados, y nos encargó a nosotros la palabra de la reconciliación." (2 Corintios 5:18-19). No podemos reconciliar con Cristo a la persona que sabe que le odiamos o resentimiento él. Como cuestión de hecho, el ejemplo impíos (obras) se exhibe por medio de la amargura y el resentimiento sólo conducirá al incrédulo a resentir al Dios que servimos. Porque es a través de las buenas obras que hacemos en el nombre del Señor, que la gente ve y glorifica el nombre de Dios. (Ver Mateo. 5:16; 1 Pedro 2:12). Por lo tanto, en la misma manera, nuestras obras malas glorifican el diablo y desagradan a Dios (véase Romanos 2:23-24).

La consecuencia más importante de la incompatibilidad es el impedimento de las oraciones y el crecimiento espiritual. (Ver Mateo 5:23-24). No podemos dar buenos frutos para el reino de Dios cuando estamos agobiados por el espíritu de intransigencia. Como sabemos, un árbol malo no puede producir buenos frutos.

La pregunta común que he enfrentado es qué hacer con un alma sin arrepentimiento, o que se niega a reconciliar. Como se mencionó anteriormente, uno nacido de Dios debe reconciliarse o intentar, con toda sinceridad piadosa y buena conciencia, reconciliarse con todos. Dios mira y ve nuestros corazones, incluso las partes más ocultas. Lo que sea necesario para garantizar la santificación y la purificación del corazón, de conformidad con la gracia que se nos debe hacer. El reino de Dios está ahora más al alcance que nunca, por lo tanto, corresponde a todos los que tienen esperanza en Dios para que se purifiquen como él, es puro. (Ver 1 Juan 3:3). "Así que, amados, puesto que tenemos tales promesas, limpiémonos de toda contaminación de carne y de espíritu, perfeccionando la santidad en el temor de Dios." (2 Corintios 7:1). Usted puede ser desairado, y si se le indica que tome una caminata, que así sea; es ahora que su corazón esta en pura amargura y el resentimiento persistente, que está bien con usted. Sin embargo, a partir de entonces, su misión espiritual se anuncia como usted tiene la obligación espiritual de interceder y orar a Dios por el corazón obstinado. Aquí, nuestro amor y la compasión son la prueba. ¿Reaccionamos desairar al delincuente con la misma medida, o debemos mostrar misericordia y el amor para alguien que carece de conocimiento de Dios? No es santo de ser el tonto del mundo, sino para el reino.

Ahora, ¿qué pasa con el hermano o la hermana que no muestra arrepentimiento alguno, sin ganas de pedir perdón y, en muchos casos, burlándose de usted y la adición de sal a la herida? Esta persona carece de los conocimientos, y por eso se pierde. Tú que eres la luz del mundo, con el corazón espiritual y la mente de Cristo, debe, por vuestras buenas obras, enseñar y mostrarle el camino correcto. Es espiritualmente prudente no esperar a que la persona infractora venga a vosotros, porque no puede venir, ya que está lleno de orgullo y tiene un corazón endurecido, pero hay que perdonarle, mostrándole el amor y la compasión como Cristo nos enseñó. Cuando el Señor fue crucificado, perdonó a sus verdugos sin condiciones y reservas. La mayoría de las personas que están espiritualmente perdidos y los enfermos no pueden decidirse a pedir perdón.

Debemos estar preparados para demostrarle lo que diferencia a nuestros corazones y nos separa de ellos. Eso fue lo que el padre del hijo pródigo hizo, así como el propietario de la oveja perdida. Ambos buscaron por los perdidos y no al revés.

Y el Señor nos ordenó amar a nuestros enemigos con el corazón y el espíritu lo cual es lo que nos diferencia de los que no conocen a Dios. (Ver Mateo 5:45). La mayoría de nosotros va detrás de una obstinada perdida mascota que cada vez que se aleja o se escapa, incluso las veces que los rebeldes de los animales, pero no podemos hacer lo mismo para un ser humano que es creado a imagen de Dios. Entonces, ¿Es es una mascota más valiosa que un hermano o hermana?

¿Qué pasa si no estamos tan seguros de quién es realmente el autor del delito, y sin embargo una relación agria ha tomado un lugar en el esenario? Para evitar cualquier duda (pecado) y para liberar su conciencia y el alma, sea el ejemplo y dé el paso audaz como el tonto por el reino de Dios y trate de reconciliarse, incluso si tiene que condescender para decir que lo sientes, no importa quién tiene la culpa. Usted debe buscar y tratar, en todo con la sinceridad de Dios, para reconciliarse de inmediato, especialmente en una situación en la que ha ofendido a alguien o si no está tan seguro de quién es la culpa. Actue como el que tiene la culpa y deje que Dios sea el juez. Entre mas tarde una cuestión pasa sin

resolverse, más difícil es de condescender en la humildad y mas endurecido se convierte el corazón. Si no lavamos las manos inmediatamente después de comer un alimento pegajoso, mas se endurecen con el tiempo. Y, por supuesto, cuanto más tiempo permanecen las manos sucias, más difícil de limpiarlas. Es mucho más fácil arrancar de raíz un árbol nuevo que uno maduro y fuerte. La ventaja de la intervención temprana no puede ser exagerada. En cada situación, cuando te conviertes en un tonto por causa del reino de Dios, desarmas al maligno. Tal vez esto le da una comprensión más clara al mandamiento del Señor que no debemos resistir al que es malo. (Ver Mateo 5:39). Es vital cortar rápidamente las expectativas del diablo en una horrible y molesta situación. Como está escrito: "Pero yo os digo: Ponte de acuerdo con tu adversario pronto, entre tanto que estás con él en el camino, no sea que el adversario te entregue al juez, y el juez al alguacil, y seas echado en la cárcel." (Mateo 5:25). ¿Cómo entonces nosotros, como discípulos de Jesucristo, bendecimos a cualquier casa o persona con la paz si nos falta la paz en nosotros?

Y, por cierto, les pido que presten atención a este consejo: no calificar su lo *siento,* pena con el *pero.* Por ejemplo, "Lo siento, pero. . . *"Pero* niega el remordimiento y el argumento sólo provoca y la actitud defensiva. Esto significa que usted califica su iniciativa de paz, y *realmente no lo siente,* pero usted lo dice por obligación en vez de por amor y reverencia a Dios. Se expone el argumento y la defensiva del orgullo en nosotros y deja espacio para el diablo para explotar la situación.

¿Cómo podemos reconciliarnos con los que hemos perdido el contacto y no sabemos su paradero? La verdadera reconciliación está en el corazón, y Dios mira y ve a nuestros corazones. Sin perdonar y reconciliarnos plenamente en nuestros corazones como una demostración del verdadero amor y la reconciliación y manteniendo a nuestros enemigos en las oraciones y buenos pensamientos, nos hemos, en realidad, reconciliados con ellos.

Pero esto no se ajusta a la realidad cotidiana de este mundo, algunos pueden decir. ¿Y quién puede hacerlo? Con todo respeto, estoy de acuerdo en que ningún ser humano puede hacer esto, excepto cuando es nacido de Dios y dado por el Espíritu de la reconciliación, el Espíritu de Jesucristo. Se trata de esa persona especial que nace del Espíritu de Dios, convertido en la imagen de Cristo, dando el poder de hacernos hijos de Dios, y dirigidos por su espiritu. Esa persona que ahora puede hacer todas las cosas por medio de Cristo que lo fortalece, porque sabemos que con el Espíritu de Dios, *todo es posible.*

OBEDIENCIA: LA SEGUNDA LLAVE PARA EL REINO DE DIOS

CAPÍTULO TRECE

OBEDIENCIA (OBEDECER)

Dios es todo sobre el amor y la obediencia, las dos llaves inseparables de su reino. Como tal, por extensión, aquel que es nacido de Dios nace en el *amor* y la *obediencia* perfecta lo cual es el deber de todo hombre. Por lo tanto, toda obligación del hombre es vivir las dos llaves del reino de Dios, amar y obedecer. Amar a Dios con todo su ser, amar a otros como Dios le ama, e implícitamente obedecer los mandamientos de Dios. La primera y la segunda llave son una, y ninguna puede existir independientemente de la otra. Donde no hay obediencia, no hay amor, y viceversa.

La intensidad del amor de alguien es proporcionalmente reflejado en el nivel de su obediencia a la palabra de Dios. La única manera de manifestar nuestro amor a Dios es obedecer todos sus mandamientos. (Ver Juan 14:15). Con la revisión de esta la afirmación, podemos concluir con sustancial autoridad que aquellos que odian a Dios le desobedecen. Ahora bien, esto puede sonar muy extremo, crítico y condenación, sin embargo, es bíblico. Nuestro Señor dijo que aquellos que no le aman y desobedecen sus mandamientos. "El que no me ama, no guarda mis palabras." (Juan 14:24). Una vez más, el Señor advirtió que quienes no están con él están contra él. Como dice la Escritura:

"Vosotros sois mis amigos si hacéis lo que yo os mando." (Juan 15:14).

No es lo que decimos sino lo que hacemos que demuestran que Jesucristo es nuestro maestro y señor. El mundo nos identifica como hijos de Dios y discípulos de Jesucristo si hacemos las obras de Dios por la obediencia a sus palabras. Ese es el mismo modelo de amor que existe entre el Hijo y el Padre. "Mas para que el mundo conozca que amo al Padre, y como el Padre me mandó, así hago. Levantaos, vamos de aquí." (Juan 14:31).

Así que para quienquiera que hagamos nuestro trabajo es la persona que amamos, y a la persona que amamos, obedecemos, y como el Señor nos ha advertido, no podemos servir a dos señores - un pie en la iglesia y el otro pie en el mundo- o una persona que lleva dos diferentes sombreros y caras.

La única manera de saber, agradecer, apreciar, vivir, servir y agradar a Dios es obedeciéndole. Hay, por supuesto, una diferencia entre saber de Dios y conocer a Dios. Si bien casi todas las personas en este planeta parecen saber y escuchar de Dios e incluso pueden mencionar su nombre, ya sea en adoración o blasfemia, los que verdaderamente conocen a Dios son los que le obedecen. "Y en esto sabemos que nosotros le conocemos, si guardamos sus mandamientos, el que dice: Yo le conozco, y no guarda sus mandamientos, el tal es mentiroso, y la verdad no está en él." (1 Juan 2:3-4). Sin obediencia implícita a las palabras de Dios, todas las otras cosas que hacemos, ya sea el sacrificio de nuestro cuerpo o la vida diaria en las iglesias, es en vano. " Ciertamente el obedecer es mejor que los sacrificios." (1 Sam 15:22). El sacrificio se hizo en la cruz en obediencia hasta la muerte. El único sacrificio dejado es un contrito, roto, sumiso, humilde y obediente corazón.

¿CÓMO OBEDECER A DIOS?

Dado que el único sacrificio aceptable a Dios es un corazón quebrantado, la obediencia sólo es efectiva cuando viene de un corazón humilde. Dios aborrece a los que pretenden alabarle y obedecerle con la boca pero en su corazón están lejos de Él. Esos son hipócritas cuyos corazones están en desacuerdo con la boca. Estas personas hablan y profesan mucho pero no hacen nada o muy poco. Son los oyentes, pero sin poner en práctica de lo que oyen. Durante los días de mi confinamiento en casa, el Señor me mandó a vivir lo que él me enseñó y enseñar exactamente lo mismo. Lloré durante días en las oraciones y súplicas pidiendo su gracia para vivir sus palabras. Después, el Señor me dijo que nunca le obedezca por miedo o por obligación, sino más bien por amor a Él y reverencia a Su nombre. Dado que los nacidos de Dios son guiados por su Espíritu y por lo tanto hijos de Dios (dioses), la obediencia a Dios debe ser primero natural, sin deliberaciones e incluso pensamientos conscientes. Debido a que Dios vive en ellos y ellos viven en Dios, ellos son uno con Dios. Es como tomar un vaso de agua, que se ha convertido en parte de nuestras vidas, no hay más pensamientos conscientes antes de cómo beber y tragar esa agua. Esto es equivalente a la vida espiritual de aquellos que son verdaderamente nacidos de Dios. A pesar de que temen a Dios, ellos no hacen las cosas por miedo. Temer a Dios es de partir (abandonar) el mal (véase Proverbios 8:13), mientras que hacer las cosas por miedo es la manifestación de amor imperfecto, la falta de acuerdo espiritual total con Dios, y en muchos casos por obligación (servicio de ojo). Los seres humanos pueden ocultar sus pensamientos y engañarse unos a otros, pero puede alguno engañar a Dios?

Es bastante difícil explicar la vida llena del Espíritu. Es el Espíritu de Dios que acelera a los hijos de Dios a caminar en el espíritu y hacer todas las cosas a través de Cristo, nuestro Señor. Al explicar este concepto a Nicodemo, el Señor contestó así: "El viento sopla de donde quiere, y oyes su sonido; mas ni sabes de dónde viene, ni a dónde va; así es todo aquel que es nacido del Espíritu." (Juan 3:8).

Siempre he poseído este escenario hipotético y le pregunto a las congregaciones acerca de este asunto. Mientras que hago compras, veo un hermoso artículo y lo tomo, salgo de la tienda, y me marcho, dos minutos más tarde, sintiéndome culpable y temeroso de Dios, me dirijo hacia atrás y restauro el elemento y finalmente, salgo satisfecho. La pregunta es, ¿he robado? La respuesta que recibo por lo general es no. Pero en verdad, ante Dios, he robado. Si yo he nacido de Dios y le temo, no habría hecho lo que hice en el primer lugar. Usted verá, yo sólo devolví el producto por miedo y obligación, pero Dios vió mi corazón desde el principio. La enseñanza del Señor está en armonía con la conclusión anterior. Se aclara que el adulterio, por ejemplo, se produce primero en el corazón. "Pero yo os digo que cualquiera que mira a una mujer para codiciarla, ya adulteró con ella en su corazón." (Mateo 5:28). Un corazón contaminado no es sacrificio acceptable para Dios.

En segundo lugar, se nos manda a obedecer todas las palabras y los mandamientos de Dios. Es una relación de todo o nada. No hay término medio, no hay espacio para la obediencia selectiva, y no hay condición previa para obedencer. Por lo tanto, no podemos escoger y elegir cuál de los mandamientos de Dios, o palabras, debemos obedecer. "Porque cualquiera que guardare toda la ley, pero ofendiere en un punto, se hace culpable de todos." (Santiago 2:10).

Nuestro Dios es el Dios de "Si" Si hacemos nuestra parte, de acuerdo a Sus normas y el procedimiento, Él hace la parte que ha prometido, y él es un Dios que guarda su pacto. En estos días, la diferencia de los siervos de Dios de la antiguedad, es que nos consumimos por lo que queremos que Dios haga por nosotros, pero no estamos dispuestos a vivir estrictamente de acuerdo a su voluntad. Dios tiene su manera determinada, y es su manera o su camino al infierno. Sorprendentemente, algunos de nosotros incluso demanda o ordena a Dios en la *oración* en torno a conceder los deseos de nuestro corazón, si tú eres mi Dios. . . "Qué terrible manera de provocar a Dios. ¿Y si Dios dijera: "Muy bien, entonces, que así sea, yo no soy tu Dios? ¿Qué haríamos? De hecho, somos una generación de gratificación inmediata: "Lo quiero ahora, ¿me oyes, Dios. Ahora haga clic en el botón, y es hecho." Si no, parecerá como si el fin ha llegado.

Tuve la oportunidad de asesorar a una pareja que estaban teniendo algunas dificultades matrimoniales y de otro tipo. Al parecer, habían tenido algunos problemas que persistian por más de diez años, viviendo bajo el mismo techo en -el infierno, me atrevo a decir- poniedo exitosamente falsas caras buenas para los extraños, profesando haber nacido de nuevo por más de quince años. Mientras trabajaba en el asunto, yo apropiadamente les recordé de sus funciones con Dios respectivas el uno al otro, y se produjo una discusión. La esposa dijo que ella estaba "enferma y cansada de que me digan que se someta a un marido que no merece." El marido dijo que no podía imaginarse a sí mismo dando amor y honor a una mujer "que me desprecia." El problema con esa pareja, como es con muchas otras, es que ellos mal entendieron los mandamientos del Señor y sus formas y, se basan en la ley carnal de compensación (no voy a ceder a menos que haya algo allí para mí). La obediencia a los mandamientos de Dios debe ser implícita, sin reservas ni condiciones previas y sin tener en cuenta a lo que otro hace. Es un asunto entre nosotros como individuos y Dios. Nunca debemos dejar que la conducta de otro nos obligue a ofender a Dios.

Ahora puede parecer muy difícil, si no imposible, que se cumplen todas las reglas de Dios, o carga, como muchos se refieren a los mandamientos de Dios. Así que mucha gente en la cristianidad han resuelto en su corazón y también han enseñado a otros que las normas de Dios son pesadas, graves, y más allá de la capacidad de los seres humanos para cumplir. Esto es algo muy lamentable y la explicación que sigue revela la falsedad. El diablo ha hecho un tremendo trabajo atacando con éxito nuestra comunión más importante con Dios. Obediencia implica una manifestación de nuestro amor por Dios. No hay absolutamente ninguna relación con Dios sin la obediencia. Por lo tanto, al emitir miedo en la obediencia a Dios, el enemigo tiene éxito en su incesante esfuerzo por separarnos de nuestro Padre. Lo más valioso para Dios es Su palabra, y el mayor temor del diablo es nuestra obediencia a la Palabra de Dios, no la recitación de la misma.

Tomemos una respiración profunda e invitemos al Espíritu Santo para que acelere nuestra comprensión de la "carga" de Dios, mientras nos detenemos aquí para examinar la carga y el yugo de Dios.

LA CARGA Y EL YUGO DE DIOS

Dios, que no puede mentir o engañar, ha, desde el principio, rogado a sus hijos a buscar la salida fácil y la luz para su vida -Sus caminos- Con todo ello, los seres humanos nos hemos constantemente rebelado contra los caminos de Dios, diciendo que los caminos del Señor son pesados y onerosos.

Los pensamientos de Dios son continuamente de bien para aquellos que le aman. Él También ha prometido que no nos exige más de lo que podemos soportar, estando al tanto de nuestro forma. Es por nuestro propio bien que el Señor nos pidió que tomaramos su carga y el yugo. Pero mientras nosotros sólo podemos pensar y adivinar, solo Dios sabe lo que es mejor para nosotros. Por lo tanto, casi poca gente acepta la invitación amorosa: "Venid a mí todos los que estáis trabajados y cargados, y yo os haré descansar. Llevad mi yugo sobre vosotros y aprended de mí, que soy manso y humilde de corazón, y hallaréis descanso para vuestras almas, porque mi yugo es fácil y ligera mi carga." (Mateo 11:28-30). Sólo hay un camino hacia el descanso divino de nuestras almas, aceptando el yugo y la carga de Dios. El yugo y la carga de este mundo es vanidad y la muerte, porque todos son perecederos, y al final, nos enteramos, como el Rey Salomón hizo, que hemos trabajado en vano. Porque en verdad, debemos dejar todo atrás, cuando llegue el final. Como el Predicador debidamente dijo: "'Vanidad de vanidades, dijo el Predicador; vanidad de vanidades, todo es vanidad'" (Eclesiastés 1:2). Sólo hay una cosa que es imperecedera y necesaria para nosotros- divino descanso- en el reino de Dios. Cuanto antes nosotros realmente comprendamos y vivamos esta verdad evidente, mejor para nosotros. Por tanto, debemos hacer lo que sea, incluyendo, si se require perder la vida física por la que es eterna.

CAPÍTULO CATORCE

EL MISTERIO DE LA CARGA DE JOSUÉ

El misterio de la carga de Josué es también una fórmula divina de Dios para superar todas las situaciones abrumadoras y para obtener toda la bendicion, curación, prosperidad, y todas las cosas buenas que podemos y no podemos imaginar. Nuestro caso de estudio revisará el libro de Josué 1:5-9.

Leemos que después de la muerte de Moisés, Dios ordenó a Josué, siervo de Moisés, para proceder a la tierra prometida enfrentando obstáculos abrumadores y oposición (gigantes), mientras le aseguraba de esta manera: "Nadie te podrá hacer frente en todos los días de tu vida." (Josué 1:5). Entonces, Dios le dijo a Josué que él (Josué) necesitaba tres cosas: ser fuerte, estar de buen ánimo y no temer. (véase Josué 1:6). Ahora, ¿Sobre qué comandó Dios a Josué que fuera fuerte y valiente? Su respuesta puede ser tan errónea como la mía y muchos otros a los que se les ha hecho esta pregunta, porque asumo que podemos decir que a causa de las enormes dificultades y batallas (gigantes), delante de Josué. Pero eso está lejos de la razón correcta. La única carga o desafío de Josué era que él fuese fuerte, valiente y muy audaz en la observación de los mandamientos del Señor, su Dios. Dios estaba amonestando a Josué para que nunca girara a la izquierda o a la derecha, nunca se comprometiese o se distrajera para cumplir todos Sus mandamientos. "Solamente esfuérzate y sé muy valiente, para cuidar de hacer conforme a toda la ley que mi siervo Moisés te mandó; no te apartes de ella ni a diestra ni a siniestra, para que seas prosperado en todas las cosas que emprendas." (Josué 1:7). En otras palabras, Dios le dijo a Josué que todo lo que tenía que hacer era obedecerle implícitamente a él (nunca comprometernos por cualquier medio), y si hacía eso, iba a prosperar dondequiera que fuera. ¿Por qué? Porque a través de la obediencia implícita se convertiría en uno con Dios, y puesto que la batalla era del Señor, no de Josué, su camino sería próspero, y nadie (hombre, demonio, la brujería, armas, etc) sería capaz de oponerse a él, porque el Señor iba a ser su pastor.

Como para no dejar nada en duda a Josué, y a todos nosotros que somos de Él, el Señor dijo claramente a Josué, por lo tanto, "Nunca se apartará de tu boca este libro de la ley, sino que de día y de noche meditarás en él, para que guardes y hagas conforme a todo lo que en él está escrito; porque entonces harás prosperar tu camino, y todo te saldrá bien." (Josué 1:8). En otras palabras, si Josué comiera, respirara y viviera los mandamientos de su Dios sin compromiso, entonces y sólo entonces se le harían todos sus caminos prósperos y exitosos, porque Dios habitaría en él, luchando la batalla para él. ¿Y quién podía oponerse a Josué si Dios estaba con él?

Lamentablemente, la mayoría de la gente corre por todo el globo en busca de milagros de Dios, curación, prosperidad, señales, maravillas, libertación y liberación, y todos los engañosos y acuñados nombres, no entienden el misterio que rodea a la carga de Josué. Si vamos a entender que si el reino de Dios está dentro de nosotros, nuestras necesidades y todas las cosas creadas por Dios están sujetos a nosotros, si nosotros aceptamos gustosos el yugo ligero y fácil y la carga de nuestro Dios. Hacemos nuestro camino próspero y exitoso a través de la obediencia implícita a todos los mandamientos de Dios. Para entonces, si hacemos eso, no tendremos que preocuparnos acerca de la batalla o cualquier arma forjada contra nosotros o cualquier situación que sea. Porque el Señor estará con nosotros, y si el Señor está con nosotros, ¿quién puede estar contra nosotros? Dicho de otra manera, Dios, literalmente, dijo a Josué: Haz lo que yo os mando y yo haré mi parte, lo que tu no puedes hacer. Por lo tanto, es prudente que nos preocupemos solo por aquellas cosas que podemos hacer, buscar primero el reino y la justicia de Dios. No es de extrañar entonces por qué el Señor se refirió a su yugo como la luz y fácil.

El apóstol Juan también dijo que los mandamientos (carga) de Dios no son gravosos. "Pues este es el amor a Dios, que guardemos sus mandamientos. Y sus mandamientos no son gravosos." (1 Juan 5:3). Y qué tan cierto es esto? Para responder a esta pregunta, debemos comprender y apreciar lo que Dios requiere de nosotros. "Ahora, pues, Israel, ¿qué pide Jehová tu Dios de ti, sino que temas a Jehová tu Dios, que andes en todos Sus caminos y que lo ames, y sirvas a Jehová tu Dios con todo tu corazón y con toda tu alma, y guardes los mandamientos de Jehová y sus estatutos, que yo te prescribo hoy, para que tengas prosperidad?" (Deuteronomio 10:12-13).

Ahora, hagamos una pausa aquí para personalizar esta escritura por el momento. La única razón por la que Dios quiere que le obedezcamos es a fin de que será bien para nosotros (por nuestro propio bien). Además, el Señor no nos obligan a tener miedo físico de él, sino que nos apartemos del mal. (Ver Proverbios 8:13). Si alguien desea una vida sencilla y pacífica para la eternidad, permítase vivir la palabra de manera implícita. (Ver Salmo 15, 34:12-14). Una vez más, el rey Salomón, en el ejercicio de la sabiduría divina dada a él por Dios y después de haber visto y probado todas las cosas del mundo llegó a la conclusión de que todo el deber del hombre es temer a Dios (apartarse del mal) y obedecerle.

"El fin de todo el discurso oído es este: Teme a Dios, y guarda sus mandamientos; porque esto es el todo del hombre." (Eclesiastés 12:13). Incluso nosotros, los humanos nos esfuerzamos, con toda sinceridad y habilidad dada por Dios, para empapar a nuestros hijos a evitar el mal y abrazar bien. Dejar el mal es una demostración de nuestro amor y temor a Dios, y la única manera de mostrar ese amor es a través de la obediencia implícita. Así que la conclusión de la vida, o más bien el efecto (principio y final de la vida), es temer y obedecer a Dios. Por lo tanto, el todo o sólo deber de los seres humanos se basa en el amor y la obediencia, -las dos llaves del reino de Dios- Sin lo cual, nadie verá al Señor. Por lo tanto, el Señor dijo: "Mas buscad primeramente el reino de Dios y su justicia, y todas estas cosas os serán añadidas." (Mateo 6:33). Una vez más, nuestro amor y obediencia debe ser perfecto como Dios es perfecto, para que los nacidos de Dios se crean después de Dios en justicia y santidad. (Ver Mateo 5:48; Efesio 4:24). Si nosotros los cristianos podemos entender y apreciar este misterio, sabemos que la carga de Dios es el mayor simplificador de la vida. Es una bendición de hecho cuando entendemos que hay un y sólo un Señor para complacer.

CAPÍTULO QUINCE

LA MAYOR VICTORIA ESPIRITUAL

Permítanme, desde el principio, disipar un malentendido entre los muchos de nosotros. La victoria espiritual más grande no es ciertamente la oración o el ayuno o adorar o profetizar o hablar en lenguas o la predicación del Evangelio, sino más bien llegar al corazón de Dios por medio del amor perfecto y hacer todas las cosas para la gloria de Dios y no del hombre. Esto es ser guiados por el Espíritu de Dios en justicia y santidad. Por lo tanto, el camino a la justicia y santidad es que todo lo que hagamos, lo hagamos sólo para Dios. Si hacemos todas las cosas para Dios le veremos, e incluso prosperaremos en esta tierra. Lo que se hace con miedo, o para ser vistos, admirado, elogiado, o para complacer las fronteras del ser humano en el egoísmo, auto-preservación, exaltación propia, sirviendo al ojo, y al orgullo, todo esto son abominaciones para Dios. Bienaventurado el que no busca su propia gloria o para que otros lo glorifiquen. Aún más, bendito es el que, desde el corazón, no comparte la gloria de Dios. Dios es el único que debe ser complacido, y cuando le complacemos a Él complacemos a todos, excepto al demonio, y no estamos para complacer al demonio. La única fórmula para simplificar nuestra vida es esforzarnos a todo costo, para agradar a Dios, porque Dios es sobre todo lo bueno, la rectitud, la justicia, la equidad, y sobre todo, el amor perfecto. "Y todo lo que hacéis, sea de palabra o de hecho, hacedlo todo en el nombre del Señor Jesús, dando gracias a Dios Padre por medio de Él. Y todo lo que hagáis, hacedlo de corazón, como para el Señor y no para los hombres." (Colosenses 3:17, 23). Un nacido de Dios desea recompensa solamente del Señor y no del hombre. Por lo tanto, en cualquier situación en que nos encontremos (puestos de trabajo, la configuración de la iglesia, el liderazgo, roles de siervos, etc), debemos esforzarnos para agradar a Dios sin importar las consecuencias. De nuevo, como el apóstol Pablo dijo: "Siervos, obedeced a vuestros amos terrenales con temor y temblor, con sencillez de vuestro corazón, como a Cristo; no sirviendo al ojo, como los que quieren agradar a los hombres, sino como siervos de Cristo, de corazón haciendo la voluntad de Dios; sirviendo de buena voluntad, como al Señor y no a los hombres." (Efesios 6:5-7). El apóstol Pablo llevó a este punto a casa de nuevo en su Primera Epístola a los Corintios de la siguiente manera: "Si, pues, coméis o bebéis, o hacéis otra cosa, hacedlo todo para la gloria de Dios. (1 Corintios 10:31). Cualquier cosa que hagamos que no glorifica a Dios glorifica al diablo y las cosas del diablo.

LAS CONSECUENCIAS DE NO HACER TODAS LAS COSAS PARA DIOS

Para un verdadero hijo de Dios, hagamos lo que hagamos, ya sea bueno o malo, se debe hacer sólo para Dios. Verdaderamente, entender y vivir esta verdad bíblica es la mayor victoria espiritual. Como ejemplo vamos a examinar sólo cuatro personas que temieron a las personas en lugar de a Dios.

a. *El rey Saúl.* Por miedo a sus hombres y para complacerlos, el rey Saúl dejó de obedecer implícitamente a Dios. Más bien, había una obediencia parcial a los mandato de Dios, y cuando el profeta Samuel lo confrontó, él (Saúl) se convirtió agresivo y exhibió un corazón terco e impenitente. Pero cuando se dió cuenta de la ira de Dios contra él, confesó que su desobediencia fue el resultado del miedo de la gente. Escucha el rey Saúl, "Yo he pecado; pues he quebrantado el mandamiento de Jehová y tus palabras, porque temí al pueblo y consentí a la voz de ellos." (1 Samuel 15:24). "Y Samuel dijo: ¿Se complace Jehová tanto en los holocaustos y víctimas, como en que se obedezca a las palabras de Jehová? Ciertamente el obedecer es mejor que los sacrificios, y el prestar atención que la grosura de los carneros." (1 Samuel 15:22). Como consecuencia de su desobediencia, Dios lo rechazó para siempre, y peor aún, la gente a la que el temía no pudo salvarlo.

b. *El Rey David y Betsabé.* El rey David, como se lee, el adulterio cometido con Betsabé, y en un esfuerzo para cubrir su pecado y el embarazo como resultado de ello, procedió a idear las maneras de eliminar a Urías, el hitita, el esposo de Betsabé. David, como rey, sintió que había anotado un jonrón y que su secreto fue enterrado con Urías. Pero se olvidó de que nada puede ocultarse al omnipotente y omnipresente Dios, si Él (Dios) escoge exponerlo o cubrirlo. El detrimento del rey David, y como un ejemplo para nosotros, Dios envió al profeta Natán a confrontar a David y a pronunciarle Su castigo por el crimen." (Ver 2 Samuel 12:1-11). Por cierto, hay tantas personas que piensan que es así que han inteligentemente cubierto sus pecados simplemente porque Dios misiricordiosamente no ha permitido que sean expuestos. Tales personas son consumidos por miedo a otras personas y lo que esas personas piensan de ellos. Pero se olvidan de sus perjuicios que al único que hay que temer es Dios, y la única forma de temerle a Dios es apartándose del mal y la apariencia del mal.

c. *Ananías y Safira.* En un aparente esfuerzo por impresionar a los apóstoles y ser admirados por los demás, Ananías y su esposa, Safira, conspiraron para ocultar el precio real de venta de sus tierras para quedarse con parte del dinero de la venta y mintiendo al respecto. En respuesta a su engaño, el apóstol Pedro les dió una escalofriante amonestación, lo que hasta hoy, nosotros creemos como palabras, mientras disfrutamos leer y citar esa Escritura, y convenientemente nos negamos a tomarla en serio de corazón y a temblar al leerla. "Y dijo Pedro: Ananías, ¿por qué llenó Satanás tu corazón para que mintieses al Espíritu Santo, y sustrajeses del precio de la heredad? Reteniéndola, ¿no se te quedaba a ti? No has mentido a los hombres, sino a Dios." (Hechos 5:3-4). Todo lo que el hijo de Dios hace, lo hace a Dios, ya sea bueno o malo. Cada vez que mentimos, por ejemplo, mentimos contra Dios, quien indaga y conoce los corazones y pensamientos de la gente. Sabemos el destino de Ananías y su esposa, que Dios puso como una advertencia para todos los vivos.

d. *El apóstol Pedro.* Otro ejemplo sorprendente de no hacer las cosas de Dios fue la reacción mostrada por hipócrita apóstol Pedro, por temor de la gente. En el pasado, Pedro tuvo comunión libremente con los gentiles, pero en presencia de los Judíos, que fueron inflexibles en la tradición de la circuncisión, no tendría nada que ver con los gentiles, por lo tanto viviendo una doble y falsa vida. "Pero cuando Pedro vino a Antioquía, le resistí cara a cara, porque era de condenar. Pues antes que viniesen algunos de parte de Jacobo, comía con los gentiles; pero después que vinieron, se retraía y se apartaba, porque tenía miedo de los de la circuncisión." (Gálatas 2:11-12).

e. El factor común entre los cuatro ejemplos anteriores es que los individuos mencionados aquí deseaban complacer a la gente en lugar de a Dios. Su principal preocupación era la gente, complacerlos y cubrir sus transgresiones. Ellos trataron de lucir bien hacia el exterior en vez de ser bueno. Por esta razón, el Señor nos amonestó, así: "Y no temáis a los que matan el cuerpo, mas el alma no pueden matar; temed más bien a aquel que puede destruir el alma y el cuerpo en el infierno." (Mateo 10:28). "Yo, yo soy vuestro consolador. ¿Quién eres tú para que tengas temor del hombre, que es mortal, y del hijo de hombre, que es como heno? Y te has olvidado de Jehová tu Hacedor?" (Isaías 51:12-13).

Se trata de que tenemos las prioridades equivocadas cuando la razón de vivir y frenar a nosotros mismos es nuestro miedo a la gente. Esto es más bien una maldición, porque está escrito: Así ha dicho Jehová: "Maldito el varón que confía en el hombre, y pone carne por su brazo, y su corazón se aparta de Jehová." (Jeremías 17: 5). ¿Y por qué no vamos a poner nuestra confianza en nadie más que en Dios? Porque, "Engañoso es el corazón más que todas las cosas, y perverso ¿quién lo conocerá?" (Jeremías 17: 9). El misterio no está en el hecho evidente de que el corazón es engañoso, sino "¿quién lo conocerá." Puesto que sólo Dios conoce el corazón, sólo Él merece ser respetado y de confianza. Porque en verdad, tememos a los que nos esforzamos por agradar. Siempre he citado este ejemplo hipotético donde se enseño este tema, y la mayoría de la gente puede relacionarse con ella. Tengo una esposa, y cada vez que estamos juntos, muchacho! yo la ducha con mucha emoción y amor. Pero tan pronto estoy fuera de su presencia, sobre todo si viajo lejos de ella, he aquí, un tigre macho nace.

Sin ninguna restricción, voy a asumir otro papel a otras mujeres. Usted ve, a la que le temo en este caso es a mi esposa, por lo que me esfuerzo de complacerla ocultando de ella el lado oscuro de mí. ¿Pero puede alguien esconderse del Dios omnipresente? Aunque he de amar, honrar y respetar a mi esposa, sólo Dios, quien ve en secreto, merece mi miedo y obediencia. Porque podemos correr, pero no podemos escondernos de él.

Imagine todos los astutos y complicados tretas empleados por nosotros para ocultar el mal de los ojos de los demás en lugar de esforzarnos por agradar a Dios. Este cuento popular africano ilustra adecuadamente esta cuestión. Un hombre fue a robar una propiedad y pidió a su hijo que lo acompañara como observador. El hombre pidió a su hijo que detectara cualquier movimiento en el frente, en la parte posterior, y hacia la derecha e izquierda. Y el hijo le respondió: "Padre, quién ve el movimiento desde arriba?" Como está escrito: "¿Se ocultará alguno, dice Jehová, en escondrijos que yo no lo vea? ¿No lleno yo, dice Jehová, el cielo y la tierra?" (Jeremías 23:24). "¡Ay de los que se esconden de Jehová, encubriendo el consejo, y sus obras están en tinieblas, y dicen: ¿Quién nos ve, y quién nos conoce?" (Isaías 29:15). Y como dijo el Señor: "Porque no hay nada oculto que no haya de ser manifestado; ni escondido, que no haya de salir a luz." (Marcos 4:22). Es una bendición cuando nuestros pecados son cubiertos por Dios. "Bienaventurado aquel cuya transgresión ha sido perdonada, y cubierto su pecado. Bienaventurado el hombre a quien Jehová no culpa de iniquidad." (Salmo 32:1-2).

Incluso en la mayoría de las iglesias, los pastores para agradar a los miembros, predican y enseñan Psicología 101 la doctrina de sentirse bien, diciendo a los miembros lo que ellos (los miembros) quiere oír -los llamados positivos y dulces mensajes- a fin de ganar su aprobación y su bolsa, mientras que comprometen la verdad del Evangelio de Jesúscristo. Esto no es hacer las cosas de Dios, sino que es una tragedia, que Dios aborrece. Para quien hacemos las cosas es a quien le creemos, y al que le creemos es al que servimos y glorificamos, y al que glorificamos es nuestro dios. Nosotros sabemos que nuestro Dios es el único Dios, un Dios celoso que no comparte su gloria con nadie. Porque si buscamos la recompensa del hombre, la recompensa de Dios es extremadamente grande. Como está escrito: "Cosas que ojo no vio, ni oído oyó, ni han subido en corazón de hombre, son las que Dios ha preparado para los que le aman." (1 Corintios 2:9). El que agrada a la gente antes que a Dios no es de Dios. Como acertadamente el apóstol Pablo escribió a la iglesia de Dios en Galacia: "Pues, ¿busco ahora el favor de los hombres, o el de Dios? ¿O trato de agradar a los hombres? Pues si todavía agradara a los hombres, no sería siervo de Cristo." (Gálatas 1:10).

BENDICIONES POR HACER LAS COSAS PARA DIOS

Examinemos ahora cuatro ejemplos de aquellos que, en las circunstancias más estresantes, se mantuvieron rocas inmóvibles, intransigente, con total indeferencia a las posibles consecuencias, oposición, presión y auto-preservación y contra viento y marea hicieron de las cosas hechas para Dios:

a. José. Un claro ejemplo de una persona que

hacía las cosas para Dios antes que comprometerse por el placer del momento fue José, el hijo de Jacob. José, como recordamos, tuvo dos sueños similares de la misma interpretación. Soñó que era más elevado que sus hermanos y padres y ellos se inclinaban ante él. Impulsado por la envidia, desde mucho tiempo, porque era el favorito de su padre, a sus hermanos les molestaba más, cuando les contaba de sus sueños, y cuando se presentó la oportunidad, lo vendieron como esclavo. Pero Dios estaba con José y prosperaba las obras de sus manos, de manera que su amo le hizo el mayordomo (patrón) de sus asuntos. Tal vez José se sintió muy bien, porque el maestro le respetó y confió. Lo que José no se dió cuenta, sin embargo, fue que mientras se encontraba matriculado en la escuela de Dios (la escuela de quebrantamiento, humildad, sumisión, entrega, refinamiento y transformación), sólo Dios sabía cuándo iba a graduarse. La alegría de su logro se vió interrumpida por otra prueba, ocasionado por la presión de la mujer de su amo para llegar a cometer adulterio. La mayoría de los hombres, supongo, la tomarían con mucho gusto, después de todo, sería para ellos disfrutar y compartir con el maestro su posesión más preciada, y además, el placer del momento sería muy atractivo. No sólo eso, nadie excepto los dos que han tenido acceso al acto, y el secreto podia permanecer para siempre con ellos. Para la mayoría de la gente, incluso el pensamiento y el deseo de tenerlo todo y ahora, ésto habría sido más irresistible. Pero José se dió cuenta de que sólo había una cosa necesaria e imperecedera y que el adulterio cometido sería pecar contra Dios sólo, por lo que dijo esta afirmación tan impactante: ¿cómo, pues, haría yo este grande mal, y pecaría contra Dios? (ver Génesis 39:9). José temía al único que podía ver en secreto y capaz de matar y echar gente al infierno. José no estaba preocupado por disgustar al amo humano, quien nunca podría saber, sino que temía a uno más grande que su amo y su casa - el Dios- Bien, como cuenta la historia, José sufrió por su justicia, pero mantuvo su alma y su integridad, y al final, rió mejor. Al referirse a la resistencia fiel de Moisés, la Escritura dice:

"Por la fe Moisés, hecho ya grande, rehusó llamarse hijo de la hija de Faraón, escogiendo antes ser maltratado con el pueblo de Dios, que gozar de los deleites temporales del pecado." (Hebreos 11:24-25). Una vez más, el apóstol Pedro nos consoló así: "De modo que los que padecen según la voluntad de Dios, encomiendan sus almas al fiel Creador, y hacen el bien." (1 Pedro 4:19). Conociendo con certeza, que si permanecemos firmes y soportamos con acción de gracias, eventualmente, "sabemos que a los que aman a Dios, todas las cosas les ayudan a bien." (Romanos 8:28).

b. David y Saúl y David en Siclag. Aunque David pecó contra Dios en más de una forma, el demostró porque fue un hombre conforme al corazón de Dios. En más de una ocasión, Dios entregó al rey Saúl en manos de David. En lugar de tomar el asunto en sus manos, o ceder ante la presión de sus seguidores para matar al rey Saúl, el temor a Dios lo detuvo. David fue condenado incluso por cortar las camisas de sus enemigos. Escucha lo que dijo a sus hombres. "Y dijo a sus hombres: Jehová me guarde de hacer tal cosa contra mi señor, el ungido de Jehová, que yo extienda mi mano contra él; porque es el ungido de Jehová." (1 Samuel 24:6). La segunda vez, David ordenó a su capitán del ejercito para salvar la vida de Saúl. Y dijo David a Abisai: "No le mates; porque ¿quién extenderá su mano contra el ungido de Jehová, y será inocente?" (1 Samuel 26:9).

El otro caso fue en su campamento en Siclag. David y sus seguidores volvieron a su campamento sólo para descubrir que todo lo que tenían (esposas, hijos, y propiedades) habían sido llevado por los amalecitas. David fue sometido a la prueba más estresante, incluso sus seguidores hablaron de apedrearlo. Sin embargo, en lugar de sucumbir a la presión humana, se sometió a Dios, pidiéndole y alentándose a sí mismo en el Señor.: "Y David se angustió mucho, porque el pueblo hablaba de apedrearlo, pues todo el pueblo estaba en amargura de alma, cada uno por sus hijos y por sus hijas; mas David se fortaleció en Jehová su Dios." (1 Samuel 30:6). ¿Perseguiré a estos merodeadores? ¿Los podré alcanzar? Y él le dijo: "Síguelos, porque ciertamente los alcanzarás, y de cierto librarás a los cautivos." (1 Samuel 30:8). En otras palabras, David no iba a ofender a Dios, incluso si eso significaba la pérdida de todo, incluso su vida. Más bien, optó por complacer al Dador más que el regalo.

c. *Job.* La historia de Job es un resumen de aflicciones soportadas y haciendo todas las cosas de Dios, incluso hasta el punto de quebrantamiento. La primera prueba se produjo cuando la esposa de Job le rogó maldecir a Dios y a morirse. Pero Job la calló y sus palabras nos recuerdan que debemos estar preparados para recibir bien y el mal con acción de gracias. "¿Recibiremos de Dios el bien, y el mal no lo recibiremos? En todo esto no pecó Job con sus labios. (Job 2:10). Aun cuando la aflicción, el dolor y la presión se hizo insoportable humanamente, Job nos dió este estímulo sorprendente: "He aquí, aunque él me matare, en él esperaré; No obstante, defenderé delante de él mis caminos." (Job 13:15)

d. *Sadrac, Mesac y Abednego.* Estos fueron los tres hombres judíos que exhibieron absoluta fe y confianza en el Señor. A riesgo de ser incinerados en el horno de fuego, estos tres hombres se mantuvieron en el Señor e hicieron todas las cosas para Dios antes que temer al rey Nabucodonosor e inclinarse ante un ídolo. Sus respuestas en el punto de quebrantamiento es el más poderoso. Si este es el caso "He aquí nuestro Dios a quien servimos puede liberarnos del horno de fuego ardiendo; y de tu mano, oh rey, nos librará. Y si no, sepas, oh rey, que no serviremos a tus dioses, ni tampoco adoraremos la estatua que has levantado." (Daniel 3:17-18). En otras palabras, estos hombres sin compromisos creyeron y confíaron en que su Dios los libraría del peligro mortal, y aún si Él optaba por no librarlos del horno de fuego, Él seguía siendo su Dios. Lo que sea, para bien o para mal, Él es Dios, y lo que él decide es correcto y justo. ¡Qué demostración de fe absoluta!

CAPÍTULO DIECISEIS

EL MISTERIO DE JUDÁ, EL HIJO DE JACOBO HACER LAS COSAS PARA DIOS

(La Mayor Victoria Espiritual)

Durante los días de mi trabajo de evangelización en África, el Señor me despertó muy temprano una mañana y me dijo: "Yo te revelaré los misterios del reino de Dios y de todas las cosas que lo rodean. "Luego me preguntó enfáticamente, "De los doce hijos de Jacob, quién recibió el pacto de Abraham, quién fue el más bendecido y favorecido entre todos ellos? "Por supuesto, con seguridad y confiadamente le respondí: "José" Esta es la misma respuesta que he recibido de todas las congregaciones con las que he tenido la oportunidad de compartir este tema. Tal vez José es su respuesta también. Después de todo, José fue el amado de su padre, Jacob, y el que fue elegido para salvar a Israel de la carestía. Sin embargo, el Señor me dijo que yo estaba equivocado, y que era Judá, no José, Judá era el hijo del pacto de Israel. Entonces el Señor me llevó a través a un viaje de misterio por la sola razón de saber porque Judá fue el más favorecido y bendecido de todos sus hermanos. Seamos conscientes desde el principio que Judá no fue ni el primero, ni el segundo, ni el tercero, sino más bien, el cuarto hijo de Jacob. Entonces, ¿cómo entonces, el cuarto hijo salta del final para ser el primero? Ese es el misterio. Por lo menos sabemos que no había nada espectacular o fuera de lo normal en el nacimiento de Judá. También sabemos que José era el hijo favorito del padre y la envidia de sus hermanos, y fue José a quien se le dió los sueños de grandeza, tanto es así que sus padres y hermanos se inclinaron ante él, que los sueños fueron cumplidos trece años más tarde en Egipto. No obstante, Dios estableció Su pacto con Judá. Los invito ahora a tomar este viaje de misterio del reino de Dios conmigo.

El Señor me pidió que leyera el libro de los Salmos 78:67-71: "Desechó la tienda de José, y no escogió la tribu de Efraín. Sino que escogió la tribu de Judá, El monte de Sion, al cual amó. Y Él edificó su santuario a manera de eminencia, como la tierra que cimentó para siempre."

"Caramba!" "Dije, después de leer las Escrituras arriba mencionadas. Aunque yo había leído la Biblia, nunca me pareció, en cualquier momento, tomar nota o no entiendí la seriedad de los pasajes citados. El Señor dejó claro que él rechazó a José y a los otros, pero optó por Judá y lo estableció para siempre. Recordemos que el Señor prometió un reino eterno a David, un descendiente de Judá. Entonces, el León de la Tribu de Judá, el Señor, Jesucristo, procedió de la tribu de Judá, y su gobierno nunca terminará.

Una vez más, el Señor me pidió que leyera el

Evangelio de Mateo 1:02: "Abraham engendró a Isacc, Issac a Jacobo y Jacobo a Judá y a sus hermanos. "Entonces, el Señor me preguntó si había entendido, y yo le contesté: "No, Señor." Entonces, El me dijo: "Imagina a un hombre que tiene doce hijos y el nombre de uno de ellos es Juan. Como parte de su historia genealógica, que sólo se conoce o se mencionan como el padre de Juan y los demás, como si los demás no importan, sin embargo, Juan no es su primer hijo, sino el cuarto. "Entonces comprendí la seria implicación de este pasaje bíblico. Lectura del Evangelio de Mateo 1:03 revela que el linaje genealógico de Abraham viene de Judá a Fares, hijo de Judá con Tamar. El Señor me preguntó si entendía entonces, y le respondí que sí. Pero yo seguía perdido en cuanto a la razón de porque Judá fue favorecido. Una vez más, el Señor me pidió que leyera el libro de Jueces 1:1-2 "Aconteció después de la muerte de Josué, que los hijos de Israel consultaron a Jehová, diciendo: "¿Quién de nosotros subirá primero a pelear contra los cananeos?" Y Jehová respondió: 'Judá subirá; he aquí que yo he entregado la tierra en sus manos'"

Entonces el Señor me preguntó que si he entendido eso, y le dije: "Sí, Señor." Ahora vamos a pensar en ello, después de la muerte de Josué, cuando los hijos de Israel preguntaron al Señor sobre la tierra prometida, Él literalmente les dijo que había dado la tierra de Judá. Pero ¿por qué Judá fue favorecido, sigue siendo un misterio para mí.

Una vez más, el Señor me pidió que leyera el libro de Génesis 49:8-10: "Judá te alabarán tus hermanos; Tu mano en la cerviz de tus enemigos; los hijos de tu padre se inclinarán a ti. No será quitado el cetro de Judá. Ni el legislador de entre sus pies, hasta que venga Siloh; y a él se congregaran los pueblos." (Génesis 49:8, 10).

"Caramba!" Dije otra vez. Pensé que era José, a quien los hermanos deben someterse de acuerdo con sus sueños, que se cumplieron en Egipto. Entonces, obviamente, se convirtió en claro para mí que, si bien José fue elegido para salvar a Israel del hambre, el verdadero hijo del pacto eterno fue Judá. Y mientras la tierra sigue siendo, el bastón de liderazgo/monarquía real (cetro), nunca se apartará de la tribu de Judá. Sin embargo, la razón por la que Judá fue el elegido de los doce hijos de Jacob siguió siendo un misterio. Para develar este misterio, el Señor me pidió que leyera el libro de Génesis 29:30-35.

Como preludio a la comprensión de estos versículos bíblicos, surgen los siguientes hechos: Jacob (Israel) tenía dos esposas, a saber, Lea y Raquel. Lea no era tan amada por Jacob. Raquel, era su amada. El justo Dios tuvo compasión de Lea y la bendijo con hijos, mientras que Raquel sufrió la agonía de la esterilidad por un tiempo. "Y vió Jehová que Lea era menospreciada, y le dió hijos; pero

Raquel era estéril." (Génesis 29:31). Los dramáticos acontecimientos que conducen al misterio se desarrolló cuando Lea concibe y da a luz a sus hijos. "Y concibió Lea, y dió a luz un hijo, y llamó su nombre Rubén, porque dijo: 'Ha mirado Jehová mi aflicción; ahora, por tanto, me amará mi marido.'" (Génesis 29:32). El Señor me pregunto: "Qué fué lo importante para Lea tras el nacimiento de su primer hijo?" Yo le respondí, que la principal preocupación de Lea era el amor y el afecto de su marido. Una vez más, el Señor me pide que lea el siguiente versículo: "Concibió otra vez, y dió a luz un hijo, y dijo: Por cuanto oyó Jehová que yo era menospreciada, me ha dado también éste'. Y llamó su nombre Simeón." (Génesis 29:33).

Una vez más, el Señor me preguntó porque es que era importante para Lea en el nacimiento de su segundo hijo. Y le dí, la misma respuesta, el amor de su marido. Y de nuevo, el Señor me pidió que leyera: "Y concibió otra vez, y dió a luz un hijo, y dijo: Ahora esta vez se unirá mi marido conmigo, porque le he dado a luz tres hijos; por tanto, llamó su nombre Leví." (Génesis 29:34).

Y una vez más, el Señor me pide que lea el siguiente versículo: "Concibió otra vez, y dió a luz un hijo, y dijo: Esta vez alabaré a Jehová; por esto llamó su nombre Judá; y dejó de dar a luz."(Génesis 29:35). Y el Señor me dijo: "Ya ves, he elegido a Judá y lo bendijo, sobre todos, sus hermanos, porque en su nacimiento, Lea me dió la Gloria sólo a Mí." Entonces el Señor me refirió al libro de Isaías 42:8: "Yo Jehová; este es mi nombre; y a otro no daré mi gloria, ni mi alabanza a esculturas."

La revelación de arriba sobre el misterio oculto del reino de Dios lo dice todo, acerca de hacer todas las cosas para Dios y no al hombre. Cuando nosotros, desde nuestros corazones, hacemos todas las cosas por Dios, sólo Él recibe la gloria exclusiva, y sus bendiciones son derramadas abundantemente sobre nosotros. Hacer todas las cosas de Dios es una demostración evidente de hambre espiritual por Él y que Él solo importa por encima de todo ser humano o cosa. Esta es la última, la más grande victoria espiritual.

Mirando hacia atrás en el misterio, no tardamos en descubrir que no es sino, hasta el nacimiento de Judá, que Lea realmente derrama su corazón al único que le había dado tanto a los hijos como a su marido. Cuanto más Dios la bendijo, más consumida estaba con su deseo de ganar el amor de su marido hasta cuando Judá nació. Incluso cuando tuvo a su tercer hijo, su único deseo era que el marido se "envuelviera" a sí mismo con ella porque le había dado un tercer hijo. Como un asunto de registro, Lea deseaba el amor y la atención de su marido sobre todas las cosas, incluyendo a Dios, el Dador. Como tal, Lea vivía sólo para Jacob y para complacerlo. En otras palabras, Lea adoraba el regalo en lugar del

Dador. Este es el caso de muchos de nosotros que hemos perdido nuestra prioridad, para complacer a los seres humanos por el placer y la recompensa del momento. Más bien, debemos buscar temer a Dios y agradarle solo a Él, apartándose del mal, y obedeciéndole), sin importar la oposición.

Es igualmente notable observar otra locura en la saga de Lea. Tras el nacimiento de Judá, que utilizó las ocasiones de los nacimientos de sus otros hijos para burlarse y hacer la guerra de la envidia y las palabras con su hermana, Raquel. En cuanto a Dios se refiere, Lea sólo hizo bien cuando Judá nació.

Hacer todas las cosas a Dios por medio de la obediencia implícita, de un amor sincero, y reverencia a Su nombre trae bendiciones y la herencia eterna generacional. (Ver Deuteronomio 5:29). Nuestro Dios es tan misericordioso y fiel, sin embargo, Él es un Dios celoso que nunca compartirá su gloria con nadie.

LA OTRA LECCIÓN

Hay una triste lección que todos debemos aprender de la relación entre las dos hermanas; Lea y Raquel. En lugar de darle a Dios la Gloria porque fue justamente debido a Él que las dos hermanas, al igual que muchos de nosotros, utiliza las ocasiones de las bendiciones de Dios para ofenderle. Como Dios las bendijo con hijos, empleaban las ocasiones para mofarse y burlarse de sus enemigos, ellos mismos. En muchas culturas como lo fue en Israel, cada nombre dado a un niño tiene un significado emocional específico y arraigado. Muchas veces, incluso nosotros, los cristianos tratamos por estúpida envidia y para ajustar cuentas, damos nombres a nuestros hijos, que reflejan el resentimiento hacia nuestros enemigos, con lo que, sin darnos cuenta, damos la gloria que es justamente de Dios al diablo. A medida que leemos más en el libro del Génesis, capítulo 30, nos encontramos con que Lea no era consumida sólo por su deseo por su marido, sino que tan pronto ella se superó volvió su atención a la pequeña guerra de la envidia, los celos y el resentimiento con su hermana. El nivel de resentimiento era tan ciego que en el nacimiento de todos sus otros hijos después de Judá, utilizó las ocasiones para glorificar al diablo. En cuanto a Raquel, la amada esposa de Jacob, que era la más involucrada en la amarga guerra. Cuando Bilha (sierva de Raquel) tuvo un segundo hijo, en lugar de glorificar a Dios, "dijo Raquel: Con luchas de Dios he contendido con mi hermana, y he vencido. Y llamó su nombre Neftalí." (Génesis 30:8). Y viendo Lea esto, se volvió más rencorosa y le dió a su doncella a Jacob. Y cuando su sirvienta dió un hijo a Jacob, "dijo Lea: Una tropa viene! y llamó su nombre Gad." (Génesis 30:11). Desde el principio, en todos estos casos, Dios no recibió ninguna gloria, porque la gloria se le dió al diablo. Esto es, por supuesto, no hacer las cosas por Dios. Así como podemos observar, de todos los doce hijos de Jacob, Dios y sólo Dios recibió toda la gloria en el nacimiento de Judá. Y a Él, el único Dios vivo sea toda la gloria ahora y siempre. Amén.

CAPÍTULO DIECISIETE

LAS BENDICIONES DE LAS DOS LLAVES

Por riesgo de sorprenderme a mí mismo, déjeme ahora cantar una canción de bendiciones, prosperidad, riqueza, milagros, etc, pertenecientes a las dos llaves del reino de Dios. Durante el período de mi reclusión en la casa, el Señor me advirtió de esta manera: "Nunca enseñes o prediques prosperidad, milagros y sanación, porque estas son las cosas que gratuitamente doy a mis hijos, quienes me aman y obedecen, pero cuando ores por estas cosas, te daré sus oraciones." Dios es todo sobre el perfecto amor y obediencia implícita y el que permanece en estas dos llaves es nacido de Dios, y el que es nacido de Dios es uno con Él en el acuerdo espiritual y por lo tanto, un coheredero del reino de Dios con nuestro Señor Jesucristo.

Esta es la relación de fundición, que hace todas las cosas de Dios nuestras. Y como todas las cosas son creadas por él y para su placer, es cierto, por tanto, que todas cosas visibles e invisibles son herencia de aquellos que han nacido de Dios. Incluso el diablo está sujeto a los que son de Dios a través de las dos llaves del reino de Dios.

Por lo tanto, la bendicion de permanecer en las dos llaves del reino de Dios, simplemente se puede expresar en una palabra: *todo*. La única manera de abrir la puerta (*Jesús*) del reino de Dios es a través del uso de las dos llaves, los cuales son los temas de este libro. Quien abre la puerta del reino, tiene vida eterna, que por cierto es la única cosa necesaria en la vida. Por lo tanto, todas las cosas en el cielo y la tierra son nuestras, si somos uno con Dios. Como el Señor dijo: "Todo lo que tiene el Padre es mío." (Juan 16:15). Y esto es como resultado de la unión con el Padre. "…para que todos sean uno; como tú, oh Padre, en mí, y yo en ti, que también ellos sean uno en nosotros." (Juan 17:21). Por lo tanto, ser uno con Dios es una condición previa para recibir todas nuestras necesidades conforme a sus riquezas y perfecta voluntad. Como se ha señalado en un capítulo anterior, nuestro Dios es el Dios de "Si." Si hacemos lo que Él requiere, y nos manda a hacer, Él hará su parte aún más abundantemente de lo que pedimos. Ya que esta relación con Dios se basa en las dos llaves de su reino de amor y obediencia, debe necesariamente ser verdad que estas dos llaves son las llaves para la vida, la salud, los milagros, la prosperidad, las sanaciones, las bendiciones, etc. Perfecto amor y obediencia a los mandamientos de Dios hace todas las cosas sujetas a los que son de Dios. "Por tanto, no se preocupe, diciendo: "¿Qué comeremos, o qué beberemos, o qué vestiremos? Porque los gentiles buscan todas estas cosas; pero vuestro Padre celestial sabe que tenéis necesidad de todas estas cosas. "Mas buscad primeramente el reino de Dios y su justicia, y todas estas cosas os serán añadidas." (Mateo 6:31-33). Esta escritura, al igual que otras similares, desde los libros de Génesis hasta el Apocalipsis, respectivamente, captura el carácter de Dios y es espiritualmente suficiente para este capítulo. Pero ¿cuántas veces hemos leído y citado este pasaje sin verdaderamente comprometernos con el corazón? Lamentablemente, como se afirma en un capítulo anterior, somos una generación de gratificación inmediata. Lo quiero ahora, y nos referimos ahora, haga clic aquí y se hace, no sea que se ofenda. Una cosa es cierta: podemos cambiar casi todo y en cualquier momento para nuestros fines egoístas, pero no podemos cansar ni cambiar a Dios. Dios no puede y nunca va a cambiar por una sola persona o nación. Él sigue siendo el mismo, ahora y para siempre. Él ha establecido una forma y regla prescrita mientras Él vive, su palabra permanece para siempre. Así entre mas pronto, agradecidamente, caigamos alineados en sus reglas, mejor para nosotros. Mientras que es perfectamente correcto reclamar toda la bondad de Dios, e incluso algunos ministros para alentar a las personas con estas promesas, de vez en cuando, hacen que sean el foco de la enseñanza para sentirse-bien y la predicación, o de negarse a decirle sinceramente a los miembros que donde hay una bendición, también existe una maldición asociada con ella de la misma y que no podemos ir del punto A al punto B hasta llegar al punto A primero es falso, al mejor y al peor es abominable. Las cosas de Dios involucra una elección de conciencia. Moisés fue tajante al respecto con la congregación de los hijos de Israel. "He aquí yo pongo hoy delante de vosotros la bendición y la maldición: la bendición, si oyereis los mandamientos de Jehová vuestro Dios, que yo os prescribe y la maldición, si no oyereis los mandamientos." (Deuteronomio 11:26-28). Y como hemos leído, Dios le dijo a Josué que el único agobio que tenía a fin de que su camino fuera próspero y exitoso era ser fuerte y tener un valor en guardar los mandamientos de Dios. Una de las escrituras más citadas es la siguiente: "Si se humillare mi pueblo, sobre el cual mi nombre es invocado, y oraren, y buscaren mi rostro, y se convirtieren de sus malos caminos; entonces yo oiré desde los cielos, y perdonaré sus pecados, y sanaré su tierra." (2 Crónicas 7:14). Lamentablemente, la verdad es ahora descartada como crítica o negativa. Esta es una tendencia muy triste en la mayoría de iglesias en todo el mundo. Seremos juzgados por la verdad, por lo tanto, tenemos que volver al amor de la verdad o perecer por rechazar la verdad. Un adagio común en los estados africanos dice: "lo que hace a una sopa buena y sabrosa son los ingredientes utilizados en su elaboración." Donde no hay dolor, no hay ganancia.

El libro de Isaías maravillosamente nos presenta una divina invitación de nuestro clemente Padre a venir y razonar junto con él. "Lavaos y limpiaos; quitad la iniquidad de vuestras obras de delante de mis ojos; dejad de hacer lo malo; aprended a hacer el bien; buscad el juicio, restituid al agraviado, haced justicia al huérfano, amparad a la viuda." (1:16-17). Si vamos a hacer todo lo anterior, el Señor nos invita, "Venid luego, dice Jehová, y estemos a cuenta: si vuestros pecados fueren como la grana, como la nieve serán emblanquecidos." (Isaías 1:18). ¡Qué increíble gesto divino a razonar juntos con nuestro Padre y nuestro Dios. Pero hay una advertencia (*si uno*) a la misma: "Si quisiereis y oyereis, comeréis el bien de la tierra; si no quisiereis y fuereis rebeldes, seréis consumidos a espada; porque la boca de Jehová lo ha dicho." (Isaías 1:19-20).

No puedo recordar las numerosas veces que he tenido que hacer frente a argumentos, que citan las escrituras sólo en parte. Una persona me dijo: "La palabra de Dios dice que si pido, voy a recibir, busco a encontraré, y si toco, se me abrirá." Yo le recordé que la Escritura dice correctamente en su totalidad que si permanecemos en Jesús y Su Palabra permanece en nosotros, entonces todo lo que pidamos en su nombre, vamos a recibir. (Ver Juan 15:17). Inútil decir que había un problema (como decía ella) con la parte "permanecer" Pero, ¿cómo podemos recibir de Dios si estamos en contra de Él? Como está escrito: "Y este es su mandamiento: Que creamos en el nombre de su Hijo Jesucristo, y nos amemos unos a otros como nos lo ha mandado." (1 Juan 3:22). Otra escritura que es ampliamente citada en parte es, "Someteos, pues, a Dios; resistid al diablo, y huirá de vosotros." (Santiago 4:7). Nos olvidamos de que si no nos someten a Dios en primer lugar, el diablo no va a escapar, e incluso en lo peor, vamos a sufrir la misma suerte que los hijos de Esceva. (Ver Hechos 19:13-16). Es en vano pedir contrario a la voluntad de Dios, y eso es lo que hacemos cuando no buscamos primeramente el reino y Su justicia. Como está escrito: "Y esta es la confianza que tenemos en él, que si pedimos alguna cosa conforme a su voluntad, él nos oye." (1 Juan 5:14). Dios esta, y ha estado siempre, en el negocio de la bendición y provisión de los suyos, la total sumisión y la dependencia de Él por medio de la adhesión estricta a las normas prescritas en las dos llaves de su reino se vierten generosamente Sus bendiciones sobre nosotros más allá de nuestras expectativas. La falta de las dos llaves nos lleva a perder nuestras prioridades y la herencia para nosotros y nuestros hijos. "¡Quién diera que tuviesen tal corazón, que me temiesen y guardasen todos los días todos mis mandamientos, para que a ellos y a sus hijos les fuese bien para siempre! (Deuteronomio 5:29).

CAPÍTULO DIECIOCHO

¿QUÉ MÁS?

La Escritura nos exhorta a examinar todo espíritu que nos esta enseñando, predicando o hablando para saber si es de Dios. "Amados, no creáis a todo espíritu, sino probad los espíritus si son de Dios; porque muchos falsos profetas han salido por el mundo." (1 Juan 4:1). Esta escritura es válida hoy más que en los días del apóstol Juan. Hay muchos agentes de la oscuridad desfilando por todo el mundo como ministros de Jesucristo. El que es de Dios escucha y ama la verdad, que es la palabra de Dios, y la palabra de Dios sigue siendo verdad para siempre, las tradiciones, culturas, y los deseos del mundo no pueden alterarlo. Permítanme hacer esta audaz conclusión: El que deliberadamente predica, enseña, práctica, o anima a cualquier doctrina contraria a la doctrina y la palabra de Jesuscristo es un anticristo. Porque el que no está con Jesús está en su contra. (Ver Mateo 12:30).

Ruego que el Espíritu de Dios ministre a su corazón. Hoy (ahora) es el tiempo aceptable para un cuidadoso auto-examen, para regresar al amor de la verdad como la única visión, porque en verdad, el reino de Dios está más cerca que nunca. Cuando tenemos en cuenta los numerosos acontecimientos que nos rodean, nos recuerdan vívidamente de nuestra fragilidad natural. Ya que no importa cuánto nos esforcemos, mañana sigue siendo desconocido para nosotros. El mundo, tal como lo conocemos, pasará, pero para aquellos que son de Dios, la preocupación no debe ser el fin del mundo, sino nuestro día final. Esta es la impresionante grandeza de Dios, los seres humanos pueden pensar o adivinar, pero sólo Dios sabe, y en la mayoría de los casos, Él no dice a nadie. Una vez más, como siempre, el Señor está utilizando este medio para pedir a sus hijos rebeldes a regresar hoy al primer amor, el amor de verdad. Como está escrito: "Extendí mis manos todo el día a pueblo rebelde, el cual anda por camino no bueno, en pos de sus pensamientos." (Isaías 65:2).

Y Él nos desafía a declarar contra Él si el había, de alguna manera, hecho mal. Escucha el motivo del Señor, "Pueblo mío, ¿qué te he hecho, o en qué te he molestado? Responde contra mí." (Miquea 6:3). Porque Dios vino a nosotros por medio de su Hijo unigénito, fue sacrificado por nosotros, pero nosotros no vamos a Él con todo nuestro corazón. Mientras agonizaba sobre el pecado cometido el rey David, el Señor le pregunta: por qué David, a quien había dado todo, aún si fuere contra él. "y te di la casa de tu señor, y las mujeres de tu señor en tu seno; además te di la casa de Israel y de Judá; y si esto fuera poco, te habría añadido mucho más. ¿Por qué, pues, tuviste en poco la palabra de Jehová, haciendo lo malo delante de sus ojos? " (2 Samuel 12:8-9).

Incluso hoy en día, el Señor nos pide: "¿Qué más debo de hacer con ustedes que no lo hayan hecho ya?" Ahora le pido que tome un momento y reflexione sobre su Dios y Padre de duelo por sus hijos rebeldes, que han elegido el placer del momento sobre el amor a la verdad. Escucha, oh cielos, y da oído, oh tierra, porque el Señor ha dicho: "Oíd, cielos, y escucha tú, tierra; porque habla Jehová: Crié hijos, y los engrandecí, y ellos se rebelaron contra mí. "El buey conoce a su dueño, y el asno el pesebre de su señor; Israel no entiende, mi pueblo no tiene conocimiento." (Isaías 1:2-3). Sí, ¿qué más debe hacer Dios que no haya hecho para nosotros para darnos vida y la verdad? Aún cuando gritaba más a la destrucción de su viña, "Ahora cantaré por mi amado el cantar de mi amado a su viña. Tenía mi amado una viña en una ladera fértil. La había cercado y despedregado y plantado de vides escogidas; había edificado en medio de ella una torre, y hecho también en ella un lagar; y esperaba que diese uvas, ¿dió uvas silvestres.?" (Isaías 5:1-4). Ahora, tome otro momento y reflexione sobre la agonía de su Dios y Padre, por sus hijos rebeldes que se han apartado del amor de la verdad. Incluso mientras estaba colgado en la cruz, siendo crucificado por nosotros, el Señor se acercó a nosotros. "Padre, perdonalos, porque no saben lo que hacen." (Lucas 23:34). Ahora, ¿qué otra excusa tenemos para apartarnos del amor de la verdad de Dios y procurando establecer nuestra propia doctrina y la norma de la justicia? La palabra de Dios es la verdad y es Dios, y somos juzgados por la verdad, pero maldecidos por rechazar la verdad. Si Él no hubiera bajado del cielo para mostrarnos el camino de la vida y la verdad, puede ser que fuesemos excusados. (Ver Juan 15:22). O tal vez, el Señor intercederá por nosotros como en el caso de la parábola de la higuera estéril: "Padre, darles un año más, y si después de eso siguen siendo infructuosas, que sean cortado." (Ver Lucas 13: 6-9). Pero, en verdad digo a todos que nuestro tiempo se ha acabado, porque el reino de Dios está más cercano de lo que pensamos. Como el apóstol Pablo con firmeza reveló en su primera Epístola a los Romanos: "Porque la ira de Dios se revela desde el cielo contra toda impiedad e injusticia de los hombres que detienen con injusticia la verdad." (Romanos 1:18). Y ¿cómo ocultar la verdad en la injusticia? "Porque lo que de Dios se conoce les es manifiesto, pues Dios se lo manifestó. Porque las cosas invisibles de él, su eterno poder y deidad, se hacen claramente visibles desde la creación del mundo, siendo entendidas por medio de las cosas hecha, de modo que no tienen excusa. Pues habiendo conocido a Dios, no le glorificaron como a Dios, ni le dieron gracias, sino que se envanecieron en sus razonamientos, y su necio corazón fue entenebrecido." (Romanos 1:19-21). Como está escrito: "Dios, habiendo hablado muchas veces y de muchas maneras en otro tiempo a los padres por los profetas, en estos postreros días nos ha hablado por el Hijo, a quien constituyó heredero de todo, y por quien asimismo hizo el cual, siendo el resplandor de su Gloria, y la imagen misma de su sustancia..." (Hebreos 1:1-3). En pocas palabras, Dios bajó del cielo para mostrar la verdad y el camino a la vida eternal, pero preferimos nuestro propio estándar para nuestros fines egoístas. Nada puede ser más cierto para el estado actual de las Iglesias de Dios en todo el mundo que los pasajes de la escritura anterior. Como el apóstol Pablo declaró acertadamente, obtuvo misericordia por haber actuado por ignorancia. (Ver 1 Timoteo 1:13). ¿Qué nos dice esto, si presuntuosamente nos apartamos del amor de verdad? Como es el caso en estos días, De ¿dónde entonces viene la misericordia?

Por esta razón, el Señor os está preguntando hoy "¿Dónde están Mis escogidos cuando el amor de la verdad está siendo pisoteado, reprimido y manipulado astutamente? Y ¿dónde está mi atalaya, y por qué él está dormido mientras el ladrón viene a robar y destruir? Y ¿dónde está Mi intercesora, para abogar por Mi misericordia? ¿Y dónde está mi punto de contacto que él se ha desconectado de mí? ¿No deberían las señales apuntar el camino? ¿no debería el vigilante salvaguardar? ¿no debería el intercesor pedir misericordia? No debe el punto de contacto ser conectado en acuerdo con la fuente? Y no perservará el pastor la viña en vez de destruírla y saquearla? Todo el lugar está contaminado, y mis lugares de culto son contaminados y apestan, y miro desde el cielo, y no veo, ni Mis escogidos, ni Mi señal, ni Mi atalaya, ni Mi intercessor, ni Mi punto de contacto, pues todos se han ido por mal camino, a sus propias pasiones y el vientre, y a lo que con comezón de oído quieren oír, con hambre de escuchar lo que ellos quieren escuchar, cosas que los hacen sentir bien, y con falsos maestros y profetas que les dicen mentiras dulces, así como engañadores, mentirosos y manipuladores que se amontonan y rodean, y se reúnen por su propio placer y lujuria, seguramente no del todo en mi nombre. Y con sus corazones muy lejos de mí, ellos cometen abominación delante de mi cara, volteando Mis casas de culto en las casas de mercancías, manipulación, mentira y engaño. Como está escrito: "Hurtando, matando, adulterando, jurando en falso, e incensando a Baal, y andando tras dioses extraños que no conocisteis, ¿vendréis y os pondréis delante de mí en esta casa sobre la cual es invocado mi nombre, y diréis: Librados somos; para seguir haciendo todas estas abominaciones? ¿Es cueva de ladrones delante de vuestros ojos esta casa sobre la cual es invocado mi nombre? He aquí que también yo lo veo, dice Jehová. (Jeremías 7:9-11).

Volver ahora a mí, dice el Señor de los Ejércitos.

"Tire hacia abajo y guarde los altares de la manipulación, el engaño, y la idolatría; hacer bien y evitar el mal rendimiento y la apariencia del mal; al amor de la verdad de Mi Evangelio y la doctrina, y yo os recibiré." Que los que manipulan, engañan y mienten en mi nombre dejen de hacerlo hoy y se arrepientan de sus pecados. Porque maldito sea el que engaña a los demás en mi nombre, y ¡ay de aquel que es engañado. Pero maldición para el engañador y el engañado, cuando el engañado que ha escuchado la verdad y debería haber sabido la verdad se aleja de ella, e invita al engañador. Porque está escrito: "Sabroso es al hombre el pan de mentira; Pero después su boca será llena de cascajo. (Proverbios 20:17).

Sólo hay un solo Señor, Jesucristo, y un único Dios y una doctrina según Jesucristo. Y el que enseña, predica o práctica otra doctrina contraria a la doctrina de Jesucristo está en su contra. Como el apóstol Juan escribe en su Segunda Epístola: "Cualquiera que se extravía, y no persevera en la doctrina de Cristo, no tiene a Dios; el que persevera en la doctrina de Cristo, ése sí tiene al Padre y al Hijo." (1-9). El apóstol Pablo, escribiendo a Timoteo, nos advirtió seriamente: "Si alguno enseña otra cosa, y no se conforma a las sanas palabras de nuestro Señor Jesucristo, y a la doctrina que es conforme a la piedad, está envanecido, nada sabe, y delira acerca de cuestiones y contiendas de palabras, de las cuales nacen envidias, pleitos, blasfemias, malas sospechas, disputas necias de hombres corruptos de entendimiento y privados de la verdad, que toman la piedad como fuente de ganancia; apártate de los tales." (1 Timoteo 6:3-5). El apóstol Juan también nos advirtió no asociarnos o dar espacio a estos engañadores. "Si alguno viene a vosotros, y no trae esta doctrina, no lo recibáis en casa, ni le digáis: ¡Bienvenido! (2 Juan 1:10-11).

Creo, sinceramente, que nunca ha habido un momento más peligroso que el tiempo en que nos encontramos, con la proliferación de las iglesias y los falsos maestros, predicadores y profetas marchando en millones, sueltos en el mundo, engañando y siendo engañados. Y qué con la comezón en los oídos de muchos miembros, que hacen mercadería de ellos bajo el color de la autoridad del Evangelio de Jesucristo, abandonando el amor de la verdad, y con extraordinarias dotes de oratoria y las palabras tentadoras y subastadoras, volteando la vida de las almas lejos de la verdad, el arrepentimiento, la salvación, el amor, el perdón, la misericordia, la bondad, y la obediencia implícita.

La Biblia está llena de advertencias de los falsos maestros y predicadores que se muestran a sí mismos como ángeles de luz, mientras que en la realidad, ellos trabajan sólo para sus estómagos. No hay peor época que este tiempo en que muchas personas tienen su conciencia cauterizada contra la verdad.

"Pero el Espíritu dice claramente que en los postreros tiempos algunos apostatarán de la fe, escuchando a espíritus engañadores y a doctrinas de demonios; por la hipocresía de mentirosos que, teniendo cauterizada la conciencia." (1 Timoteo 4:1-2). ...mas los malos hombres y los engañadores irán de mal en peor, engañando y siendo engañados." (2 Timoteo 3:13).

El Señor Jesucristo, y sus apóstoles nos advirtieron del peligro y la época cuando estos manipuladores, engañadores, mentirosos se presentarían. Pero yo os digo, que la temporada es ahora cuando la búsqueda es por el gran número, y el espíritu familiar, la prosperidad y la fama más que el amor por la verdad. Por lo tanto, le corresponde a los elegidos de Dios ver y estar en guardia para sus almas. "Porque se levantarán falsos Cristos, y falsos profetas, y harán grandes señales y prodigios, de tal manera que engañarán, si fuere posible, aun a los escogidos." (Mateo 24:24) . ¿Y quién es el que es engañado? Los que se han alejado de la verdad sin compromisos del Evangelio y la doctrina de Jesucristo. "inicuo cuyo advenimiento es por obra de Satanás, con gran poder y señales y prodigios mentirosos, y con todo engaño de iniquidad para los que se pierden, por cuanto no recibieron el amor de la verdad para ser salvos." (2 Tesalonicenses 2:9-10). Como consecuencia del rechazo al amor de verdad, la ira de Dios se derrama sobre el pueblo desobediente y rebelde. "Por esto Dios les envía un poder engañoso, para que crean la mentira, a fin de que sean condenados todos los que no creyeron a la verdad, sino que se complacieron en la injusticia." (2 Tesalonicenses 2:11-12). Una y otra vez, la Biblia nos deja sin lugar a dudas sobre esta temporada, donde la predicación y la enseñanza sin concesiones de la verdad sin diluir del Evangelio de Jesucristo es considerado y etiquetado como impopular, ofensivo, agresivo, pasado de moda, juicio, condena, fuerte, insensible, condescendiente, negativo, políticamente incorrecto, y fuera de tono con la actual forma de vida. Dirigiendo esta cuestión, el apóstol Pablo escribió a Timoteo, así: "que prediques la palabra; que instes a tiempo y fuera de tiempo; redarguye, reprende, exhorta con toda paciencia y doctrina. Porque vendrá tiempo cuando no sufrirán la sana doctrina, sino que teniendo comezón de oír, se amontonarán maestros conforme a sus propias concupiscencias, y apartarán de la verdad el oído y se volverán a las fábulas." (2 Timoteo 4:2-4). El apóstol Pablo vivió esta verdad sin concesiones del Evangelio del reino, sin importarle lo que le causó, pero al final, mantuvo su integridad y recibió la corona de la vida. Enfrentando todas las formas de persecución por la verdad, osadamente declaró: "sirviendo al Señor con toda humildad, y con muchas lágrimas, y pruebas que me han venido por las asechanzas de los judíos; y cómo nada que fuese

útil he rehuido de anunciaros
enseñaros, públicamente... (Hechos 20:19-20).

A pesar de todos los males en su contra, Pablo
nunca se comprometió o predicó para complacer a
nadie. "Pero de ninguna cosa hago caso, ni estimo
preciosa mi vida para mí mismo, con tal que acabe
mi carrera con gozo, y el ministerio que recibí del
Señor Jesús, para dar testimonio del evangelio de la
gracia de Dios." (Hechos 20:24). Aún más
importante para Pablo fue que él no fue culpable de
la sangre de ninguna persona a través del engaño, la
manipulación y la mentira. "Por tanto, yo os protesto
en el día de hoy, que estoy limpio de la sangre de
todos; porque no he rehuido anunciaros todo el
consejo de Dios." (Hechos 20:26-27). Así que todos
sean advertidos! Ya que no importa lo que
queremos, decimos, sentimos o hacemos; Dios sigue
siendo Dios de la gente de la antiguedad, inmutable,
y su verdad permanece para siempre. Mientras que la
verdad puede ser amarga, sin embargo, es la vida y
el espíritu. (Ver Juan 6:63). Por lo tanto, amados del
Señor, regresemos hoy (ahora) a nuestro Dios y Su
verdad. Vamos a buscarle mientras tengamos aliento
en nosotros, aprovechando bien el tiempo, porque el
reino de Dios está muy cerca, y nadie conoce el
futuro.

No desconozco que algunos lectores pueden considerar
este libro sensible y una área prohibida, mientras que
otros con rapidez pueden concluir que algunos de sus

contenidos son de juicio y condenación, considerando que la verdad del Evangelio es convenientemente puesta a un lado estos días. Ni todo el libro, ni alguna parte de su contenido cae en tal clasificación negativa.

Lo último que se intenta en este libro es juzgar o condenar a nadie, mas bien, tiene la intención de hacer que los hijos de Dios vuelvan a Él y Su justicia. ¿Por qué cómo puedo juzgar o condenar a otros cuando ni siquiera puedo juzgarme a mi mismo? Como el Señor me reveló, para que alguien pueda juzgar y condenar a otro, éste debe ser perfecto o tener derechos de propiedad o haber sido encargado por el propietario para hacerlo. Puesto que Dios es perfecto y tiene la propiedad de toda carne, Él por sí solo justifica. Y como sólo Dios sabe el mañana, es prudente para nosotros caminar de acuerdo con él. Pero si nosotros percibimos la verdad de la Palabra de Dios como críticos, entonces, las iglesias de Dios han perdido la batalla, y Cristo ha muerto y resucitado en vano. El Señor no nos ha dado el espíritu de timidez y compromiso, sino de sano juicio y la audacia en la defensa del Evangelio. Porque debemos ser juzgados y condenados por la palabra, porque Dios y su palabra son el mismo. "¿No es mi palabra como fuego, dice Jehová, y como martillo que quebranta la piedra?" (Jeremías 23:29). "Porque la palabra de Dios es viva y eficaz, y más cortante que toda espada de dos filos; y penetra. hasta partir el alma y el espíritu, las coyunturas y los tuétanos, y discierne los pensamientos y las intenciones del corazón. Y no hay cosa creada que no sea manifiesta en su presencia; antes bien todas las cosas están desnudas y abiertas a los ojos de aquel a quien tenemos que dar cuenta." (Hebreos 4:12-13).

Cuidadosamente debemos reflexionar sobre esta espada de doble filo por un momento. Se corta en ambos sentidos, manteniendo vivos a quienes la usan correctamente y matando a aquellos que hacen mal uso y abusan de ella. Y nunca pasará porque es la verdad y lo más preciado de Dios. Por cierto, la cosa que más temen los demonios es nuestra adhesión implícita y la obediencia a la verdad (la palabra de Dios).

Nuestro Señor, Jesucristo, dijo que el Padre siempre estaba con Él, porque Él (Jesús) siempre implícitamente obedeció al Padre. (Ver Juan 8:29).

Por lo tanto, oro que el lector de este libro comprenda y aprecie este libro como lo que és: una llamada urgente al *arrepentimiento espiritual* y al volver al amor de la verdad. Es un mensaje simple pero espiritual sobre la verdad del Evangelio de Jesucristo escrito según lo revelado e inspirado por el Espíritu de Dios: para incitar a los santos a despertar y no ser ignorante de los misterios del reino de Dios. Es una llamada para verificar la realidad y un auto-examen para ver si estamos realmente de acuerdo con Dios, es también un llamado a rechazar la doctrina de sentirse bien y la enseñanza, falsa profecía, los signos, la manipulación, el engaño y la mentira. El Señor castiga y corrige a quien Él ama, y como hemos leído, la sentencia del Señor se iniciará en su santuario. Debe ser obvio entonces para el lector que este libro no está destinado a entretener a nadie, sino para que los hijos de Dios puedan llorar, arrepentirse y volver a su primer amor. La única manera que podemos caminar juntos y ser uno con Dios es estar en acuerdo espiritual con El, y este acuerdo sólo es posible mediante el amor perfecto y la obediencia implícita. Estas son las dos llaves que pueden abrir la puerta del reino (Jesús).

Yo no podría escribir de forma diferente, tampoco es posible que yo comprometa las palabras y enseñanzas del Señor, pues ¿quién haría eso y no seria maldito? Yo no escribo con el fin de estar en la lista del mejor vendedor, porque el mejor vendedor es la inalterable palabra de Dios. Porque el Señor que me llamó me dijo: "Yo te he llamado en con un -único propósito - para ir a preparar para la venida del Señor. Te enviaré a mis iglesias a removerlos para que se auto-examinen para ver si son verdaderamente nacido de mí y listo ahora, porque mi venida está más cerca que nunca. Voy a enseñarte y a revelarte los misterios del reino. Tu debes vivir lo que te enseño y enseñar a otros exactamente lo mismo, no sea que tu pases a estar bajo condenación.

"Entonces, Señor, obedezco. Ven, oh Señor, ven, por favor, ten piedad de nosotros Tus hijos. Por lo cual, como el Espíritu Santo dice: "si *oyereis hoy su voz, No endurezcáis vuestros corazones como en la provocación, en el día de la tentación en el desierto.*" (Hebreos 3:7-8)

A Dios Todopoderoso solo, el único Dios vivo, sea toda la gloria ahora y siempre. Amén.